売上10億円を
超えたら取り組む
中小企業の
新・成長戦略

今こそ「東京プロマーケット上場」

日本M&Aセンター 上席執行役員
成長戦略事業部長
雨森良治

日本経済新聞出版

はじめに

みなさんは「東京プロマーケット（TOKYO PRO Market）」をご存じでしょうか？　日本取《にっぽんとり》引所《ひきじょ》グループ（ＪＰＸ）が、東京証券取引所（東証）内に２００９年に開設した新しい株式市場です。

本書では、この「TOKYO PRO Market」という株式市場の頭文字を取って「ＴＰＭ」と呼ぶことにします。このＴＰＭが、まだ上場していない企業の経営者にとって非常に大きな可能性を切り拓く株式市場であることを解説し、実際にＴＰＭに上場した企業経営者の実例をケーススタディとして紹介するのが本書の狙いです。

ＴＰＭに上場すると、どんなメリットがあるのでしょうか。その詳細を第１章から説明していきますが、ＴＰＭは現在の東証において最も注目すべき株式市場といえる存在になりつつあります。

当初は知名度の低さもあって、２０１９年までの新規上場社数は一桁台にとどまっていました。しかし、ＴＰＭ上場のメリットがじわじわと知られはじめたとともに新型コロナウイルス感染症のパンデミックが始まった２０２０年には10社、２０２１年は13社となり、２０２２年には21社が上場を果たしました。２０２３年も9月末時点ですでに20社が上場しており、過去最多の新規上場社数が見込まれています。

――現在の株主構成を大きく変えずに上場が可能

東証の株式市場といえば、「プライム市場」「スタンダード市場」「グロース市場」という一般投資家も株を売買できる3つの市場については聞いたことがあると思います。こうした「一般市場」と違い、ＴＰＭは機関投資家などの「プロ投資家（特定投資家等）」向け市場であるとも呼ばれます。しかし、実際には、プロ投資家による株式購入がなく、それまでの企業オーナーや資産管理会社などを中心とした株主構成のままでＴＰＭに上場するケースも多くあります。つまり、上場するにあたって新たに株式を発行したり、既存株主が株式売出しをすることなく上場できる市場ということです。

このことは、TPM上場企業にとって、様々な恩恵をもたらすことが明らかになっています。株主構成を変えなくても、「JPXに上場した企業」として高いステータスと信用力を与えられ、また社内の様々な規程を整備することで、企業として経営の質の向上とガバナンス（企業統治）の強化が可能になっている企業が多いのです。

財務面でもメリットがあります。確かに、新たに株式を発行することがないので資金調達という面では優位な市場とはいえませんが、「金融機関から金利や融資枠など、今までよりずっと良い条件で借り入れができるようになった」「M&A（合併・買収）などで非常に有望な案件を持ちかけられるようになった」などの変化を実感した声はよく聞かれます。

また、超高齢化社会となった日本は、若手人材の確保が年々難しくなっているのが実情です。世界的にも経済環境の変化が速くなり、IT技術も日進月歩、今後、先行き不透明感が増していくのは間違いありません。そんな状況下で、世界の金融市場の一角を占めるJPXに上場し、ブランド力とネームバリューを高めて、働くうえでの安心感が得られれば、新規人材の採用面でも圧倒的に優位な立場になるでしょう。

中小企業が上場メリットを享受しやすいTPM

特に、人口減少や高齢化が進む地方の有力企業にとっては、将来にわたる経営戦略を組み立てていくうえで、TPM上場が大きな「武器」であり「最適解」になりうるケースが多いと実感しています。上場企業が少ない地方にあってTPM上場を果たすことは、地元の自治体やメディアからも大きく注目され、サステナビリティ（持続可能性）がある企業として認識されます。最近では、地方のオーナー企業が事業承継の悩みに直面することが多くなっていますが、上場企業であれば、地域の優秀な人材を集め、組織立った経営体制を築くことで「チーム」として会社を存続・発展させていくことが可能になります。

本書は、まず「TPMとは何か」について、メリットだけでなくデメリットについても紹介しながら、実際にTPMに上場した地方の企業を中心に5社の実例を交えて、TPM上場によって「会社が前向きに大きく変わった」ことを紹介していきます。

当社・日本M&Aセンターは、東証や証券会社に代わって、TPMへの上場準備のサポートや上場審査、上場後のモニタリングといった業務を一貫して行う「J－Adviser（J－アドバイザー）」の資格を2019年7月に取得しました。これまでに20社のTPM上場申請を行い、地方に拠点を置く中小規模の企業にも上場の優位性を認識していただき、持続可能な企業として成長・発展できるような経営の仕組みづくりをお手伝いしてきました。

多くの企業の支援を通じて、当社は「TPM上場こそ、日本の中小企業が困難な時代を乗り越える切り札になりうる」との確信を強く持つようになりました。変化が激しく成長の難しい時代、中小企業が経営の基盤やガバナンスを整え、さらなる発展を目指していくために、TPM上場は強力な推進エンジンとなりうる、日本経済を強くするために欠かせない「ファーストステップ」だと考えています。

実際に東証では、「グロース市場」や「スタンダード市場」など一般市場へと指定替え（上場市場を変更すること）してもらう起点として、TPM上場を推奨していくべきではないか、との意見も出るようになりました。上場のメリットを活かして、さらなる成長戦略が描ける企業が増えることは、活力ある日本社会の再創出にもつながります。

本書を通じて、多くの経営者がＴＰＭ市場の魅力とその有効性に気づき、新しい成長力を手にできるようにと願っています。

株式会社日本Ｍ＆Ａセンター
上席執行役員　成長戦略事業部長　雨森　良治

目次

第2章

5つの実例にみる地方でこそ活きるTPM上場の絶大なメリット

第3章 TPM上場、成功へのポイントとは

株式会社オービック
ビジネスコンサルタント（OBC）
和田成史社長&
堀江勇輝監査法人支援室長に聞く

第4章

経営の未来を先取りするTPM

第1章

東京プロマーケット（TPM）とは

1

中堅・中小企業のための市場とは

――東証・第4の市場

「東京プロマーケット」って何だろう？

そんな疑問を持つ人のほうが、まだ多いだろう。日本取引所グループ（ＪＰＸ）のウェブサイトによると、東京プロマーケット（TOKYO PRO Market、以下ＴＰＭ）には、２０２３年9月末時点で、80社が上場している。プライム市場の１８３１社、スタンダード市場の１４４２社、グロース市場の５５０社に比べると、ＴＰＭはまだまだ規模が小さい市場だ【図表1】。

というのも、「東証一部」「東証二部」「ＪＡＳＤＡＱ（ジャスダック）」「マザーズ」を母体

図表1 東証の株式市場

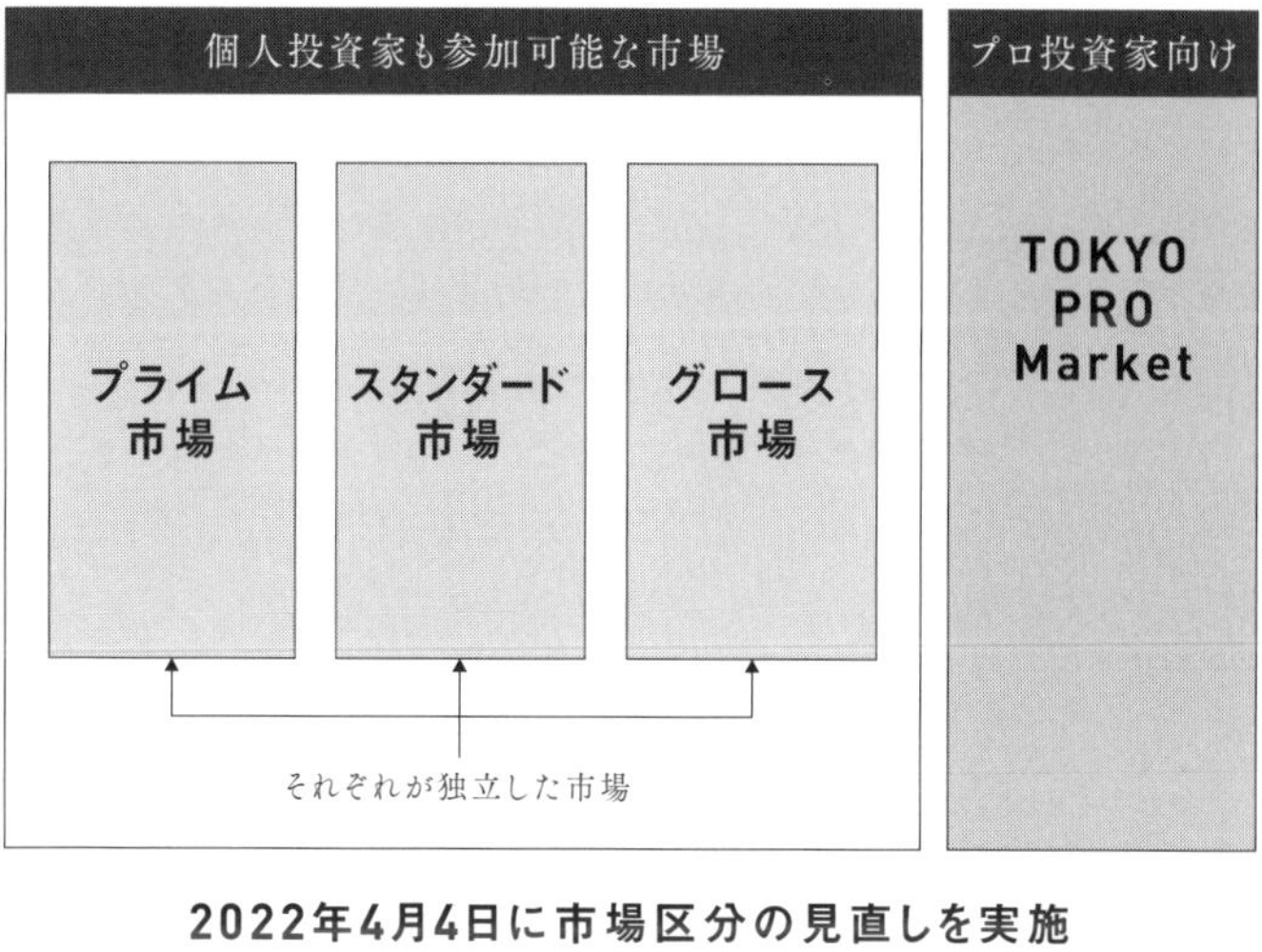
個人投資家も参加可能な市場
プロ投資家向け
プライム市場
スタンダード市場
グロース市場
TOKYO PRO Market
それぞれが独立した市場
2022年4月4日に市場区分の見直しを実施

としている3つの一般株式市場と違い、TPMは2009年6月に誕生した〝若い〟市場であるためだ。

TPMの母体は、東京証券取引所グループと英ロンドン証券取引所が同年に共同出資して設立した、「プロ投資家」向け市場「TOKYO AIM」だ。このAIMのコンセプトを受け継ぎ、「上場基準や開示制度に対する柔軟性をより高めた市場」を目指して、TPMは創立された。

ここでいうプロ投資家とは、「特定投資家等」と呼ばれる金融機関などの適格機関投資家や企業（上場会社または資本金5億円以上の株式会社）などを指す。中には一定の要件を満たした個人もいる。2022年7月から個人投資家がプロ投資家になるための資産額の要件などが緩和されはしたが、依然としてTPMは金融商品取引法や東証の規則で、この特定投資家等を除く一般投資家による株式の買い付けが禁止されている。つまり「企業価値について見極める目」を持っていて資金力があるプロ投資家だけが参加できるようにし、その代わり、上場基準などで一般市場よりも柔軟な制度設計をしたのが、TPMなのである。

プロ（＝機関投資家）ではない一般の投資家が参加できる一般市場では、投資家保護の観

図表2　一般市場とTPMとの違い

	プライム／スタンダード／グロース	TOKYO PRO Market
基準	**形式基準あり** 高い基準をパスしないといけない	**形式基準なし** 柔軟な上場基準が許容されている
株式	**誰でも株を買える** 不特定多数の株主が紛れ込む	**株主構成を変えず上場できる** 支配権の維持が可能
期間	**約5年間** （うち監査期間＝2年） その分コストもかかる	**約2年間** （うち監査期間＝1年） 上場コストも大きく削減できる
上場準備審査	**東証・証券会社2回の審査** 厳しい審査もすべて自力で対応	**準備も審査もJ-Adviserが担当** 安心・着実に上場準備に取り組める

点からも厳しい上場基準をクリアすることが求められる。【図表2】に、一般市場とTPMの基準の違いを示したので参照していただきたい。

――専門の「J－Adviser」が上場を支援・審査

一般市場には「形式基準」がある【図表3】。形式基準とは「上場を申請するにあたって最低限クリアしなければならない定量的側面を確認する基準」を指す。流通株式数や売上高などだ。その形式基準をクリアしているかを判断するため、一般市場では上場までの期間が5年（うち監査期間が2年）かかるのが通例とされる。上場審査も東証と証券会社が各1回、合計で2回審査する。もし審査をパスすることができなかった場合には、それを改善して基準を満たすための対応を、自社で進めなければならない。

一方のTPMはどうか。なんと、形式基準はない。そのため、上場までの期間も約2年（うち監査期間は1年）となり、短期間で上場が実現する。つまり、コストも一般市場より安

図表3 新規上場に関わる形式基準（抜粋）

形式基準（項目）		プライム	スタンダード	グロース	TOKYO PRO Market
流動性	株主数	800人以上	400人以上	150人以上	—
	流通株式数	20,000単位以上	2,000単位以上	1,000単位以上	—
	流通株式時価総額	100億円以上	10億円以上	5億円以上	—
	時価総額	250億円以上	—	—	—
ガバナンス	流通株式比率	35%以上	25%以上	25%以上	—
経営成績財政状態	利益の額または売上高	最近2年間の経常利益の総額25億円以上または最近1年間の売上高100億円以上　かつ、時価総額1,000億円以上	最近1年間の経常利益1億円以上	—	—
	純資産の額	50億円以上	正（プラス）	—	—
その他	公募の実施	—	—	500単位以上 時価総額250億円未満の場合	—

	プライム	スタンダード	グロース	TOKYO PRO Market
（参考）ガバナンスコード	全原則適用	全原則適用	基本原則のみ	—

TPMは株主数・流通株式・利益の額などの形式基準なし

出所：東京証券取引所2023年資料より日本M&Aセンター作成

くて済む。

さらに上場のための準備や審査は、東証が資格認定した「Ｊ－Ａｄｖｉｓｅｒ」という支援機関が担う。これもＴＰＭの大きな特徴だ。Ｊ－Ａｄｖｉｓｅｒは、上場を目指す企業に伴走しながら、安心かつ着実に上場準備を進めるためのサポートを行う。Ｊ－Ａｄｖｉｓｅｒは２０２３年9月末現在で16社あり【図表４】、証券会社に限らず、様々な業種の企業が務めている。日本Ｍ＆Ａセンターも２０１９年7月からＪ－Ａｄｖｉｓｅｒとして ＴＰＭへの上場をサポートしてきた。証券会社ではないＪ－Ａｄｖｉｓｅｒが活躍している市場としても注目されている。

Ｊ－Ａｄｖｉｓｅｒは、東証に代わって上場適格性の調査や確認を行う。①法務ＤＤ（デューデリジェンス）、②ビジネスＤＤ、③財務ＤＤ、の３つを中心とする審査手続きによって、ガバナンス体制の整備状態など上場するにふさわしい企業かどうかという「実質基準」を満たしているかを見るのだ。

実質基準については、一般市場と同等に求めることで、ＴＰＭ上場会社の質を担保する一方、形式基準をなくすことで、一般市場ではハードルが高いと思われる中小規模の企業が上場できるようにすることを狙ったのである。

図表4　J-Adviser 企業一覧（全16社）

J-Adviser名	資格取得年月	担当企業数
野村證券㈱	2009年 6月	—
大和証券㈱	2009年 6月	—
みずほ証券㈱	2009年 6月	—
三菱UFJモルガン・スタンレー証券㈱	2009年 6月	—
SMBC日興証券㈱	2009年 6月	—
フィリップ証券㈱	2011年 6月	39
G-FAS㈱	2016年12月	1
宝印刷㈱	2017年11月	13
㈱アイ・アール ジャパン	2017年12月	1
㈱日本M&Aセンター	2019年 7月	19
Jトラストグローバル証券㈱	2020年 6月	4
㈱ジャパンインベストメントアドバイザー	2021年 7月	—
アイザワ証券㈱	2021年10月	3
㈱船井総合研究所	2022年 4月	—
名南M&A㈱	2022年10月	—
㈱SBI証券	2023年 8月	—

2023年9月末時点

グロース市場を上回る売上規模の会社が急増

このように柔軟な制度設計がなされているTPMの上場基準は、一般市場のそれとどう違うのか。具体的に見てみよう。

例えば東証におけるプライム市場の場合、収益面では「最近2年間（2期分）の経常利益合計が25億円以上、または、最近1年間の売上高が100億円以上かつ時価総額1000億円以上」が求められる。これが東証スタンダード市場では「最近1年間の経常利益が1億円以上」で「純資産額が正（プラス）であること」が必要だ。東証グロース市場は、そのコンセプトを高い成長可能性を有する企業向けの市場としているため、売上高や利益などの基準はないが、「上場から10年後に時価総額40億円以上」「流通株式比率が25％以上」などの基準がある。

2022年に各市場に上場した企業について売上高の中央値を見ると【図表5】、プラ

図表5 最近のIPO企業の規模比較（2022年〈市場区分再編後〉のIPO企業）

上段：最大値 **中段：中央値** 下段：最小値	売上高	経常利益	純資産の額	初値時価総額	IPO時のファイナンス規模注1
プライム	1,170億円 — 650億円	113億円 — 91億円	896億円 — 601億円	1,626億円 — 1,291億円	768億円 — 498億円
スタンダード	750億円 **85億円** 31億円	24億円 **6億円** 3億円	133億円 **20億円** 9億円	442億円 **58億円** 26億円	43億円 **15億円** 7億円
グロース	471億円 **19億円** 4億円	28億円 **1億円** ▲151億円	132億円 **6億円** 0億円	1,443億円 **107億円** 13億円	374億円 **13億円** 3億円
TOKYO PRO Market	162億円 **26億円** 3億円	18億円 **2億円** ▲1億円	83億円 **6億円** ▲0億円	216億円 **20億円** 1億円	—

注1：IPO時のファイナンス規模＝公募＋売出し（OA〈オーバーアロットメント〉含む）
　　なお、TOKYO PRO MarketのIPO時のファイナンス規模は、特定投資家向け取得勧誘または特定投資家向け売付け勧誘等を指すが事例なし
注2：1億円未満四捨五入
注3：IFRS採用企業については、「売上高」＝「売上収益」、「経常利益」＝「税引前利益」、「純資産の額」＝「資本合計」を記載
注4：プライム市場は2例のみのため、中央値は記載していない
出所：東京証券取引所2023年資料より日本M&Aセンター作成

イムは910億円（2例のみだが、あえて中央値を算出）、スタンダードは85億円、グロースは19億円だった。

一方のTPMはどうか。売上高の中央値は26億円。グロース市場を抜く売上規模が目立つようになった。とはいえ、最も売上高規模が小さい企業は3億円、経常利益の水準でも中央値は2億円と、中小規模の会社が上場を狙える水準になっているといえよう。

――地方の老舗企業にも成長の道を提示したTPM

現在80社となったTPM上場企業が、どのような属性になっているかを紹介しよう【図表6】。

2018～2022年にTPMへ新規上場した企業を対象に東証が集計したデータによると、64％が東京都以外に本店所在地のある企業であった。ちなみに、一般市場へ上場した企業のうち、東京都以外に本店を置いている企業は29％、東京都が本店の企業は71％に

図表6 TPM上場会社の特徴

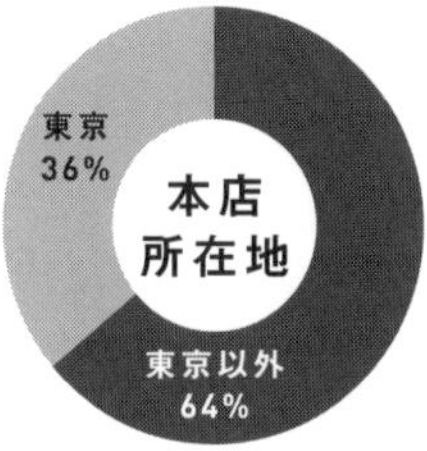

東京以外が約6割

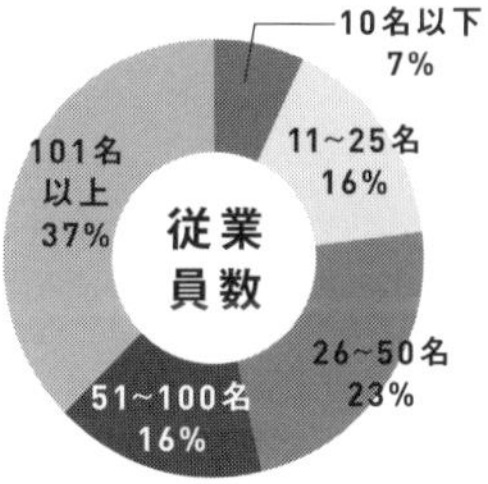

100名以下が約6割

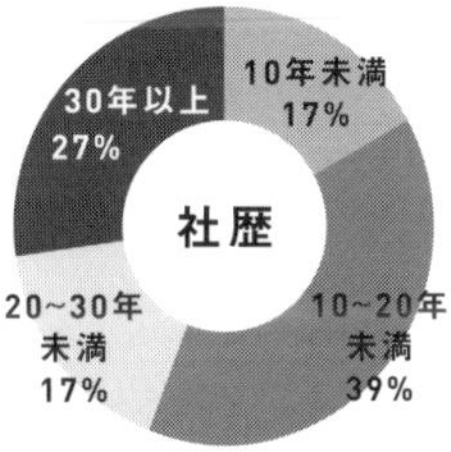

ベンチャーでも老舗でも

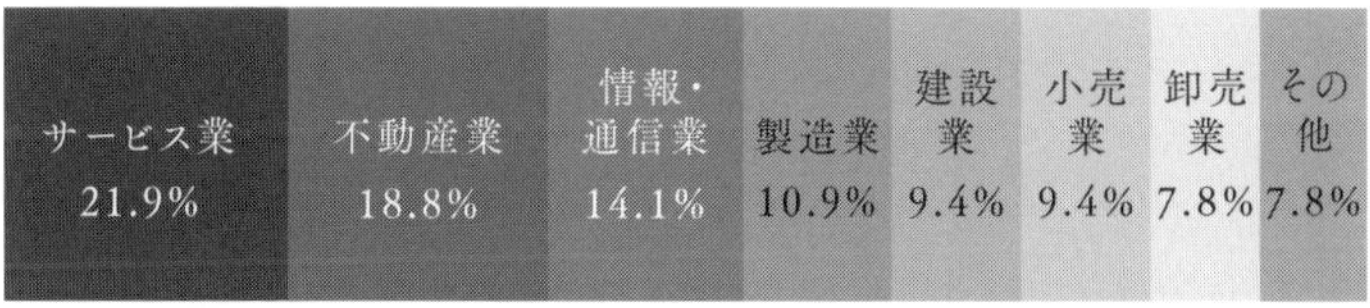

様々な業種が上場（※一般市場の場合、サービス業が7割）

注1：本店所在地は、2018～2022年にTPMに上場した企業を集計した
注2：従業員数と社歴は、2012～2022年にTPMに上場した企業（86社）を対象とした
注3：業種は、2022年12月末時点の上場企業をもとに算出
出所：東京証券取引所2023年資料より日本M&Aセンター作成

のぼる。従来の一般市場では上場が難しかった地方の中堅企業も、ＴＰＭへの上場ならＪ－Ａｄｖｉｓｅｒの力を借りることなどで社内体制を整備しやすいためだろう。

一方、２０２１年にＴＰＭに上場した企業（13社）の創業年数を調べると、設立から上場までの平均年数は約28年だった。同年に一般市場に上場した企業の創業からの平均経過年数は約19年で、ＴＰＭ上場企業のほうがより長く経営を持続している格好だ。

つまり、ＴＰＭ上場企業には地方で着実に成長を積み重ねてきた有力な老舗企業が多い。ＴＰＭという新たに誕生した株式市場に上場することで、地方でも企業を成長させる道を見出した経営者が全国に増えている、という状況が浮かび上がってくる。

ＴＰＭならグロース市場のように必ずしも高い成長可能性を求められるわけではなく、中小企業でも上場が狙える、上場がしやすいということだ。

2

TPMは何をもたらすのか

―― TPM上場のメリットは計り知れない

一方で、上場によって従業員の権限などを定める各種規程や、ガバナンスの強化なども必要なほか、半期決算の開示（四半期決算の開示は任意）などの開示義務も負うため、そのコストは年間で数千万円規模が必要になる。

TPM上場によるメリットとデメリットを簡単にまとめると次のようになる。

① 知名度・信用力が格段に上がる

約4000社ある上場企業の1社に名を連ねることで、会社の知名度や信用力は向上する。上場企業に対する安心感が現在も信用力につながっている日本では、営業活動がスムーズに進んだり、金融機関からの資金の借り入れが容易になったり、金利水準が下がったりといったメリットが期待できる。さらに、金融機関からの借り入れの際に、経営者の個人保証が外せるといった恩恵もある。

上場すると、その証しとして付与されるJPXや東証のロゴマークを名刺や営業資料などにも使うことが可能になる。また、上場会社に付与される4桁の証券コードも、大きな信用力の一助となる。決算も、監査法人の監査を受けて公開しているので、会社の透明性や信頼性も格段に高まる。公的な機関や上場会社が、取引先として上場会社を選ぶのもそのためである。さらには、上場会社になると日本経済新聞や各種の業界紙誌などに決算記事やニュースが掲載される機会が増えるため、知名度や認知度が著しく向上することが多い。

②採用面での優位性や従業員の士気が向上する

人手不足が深刻化する日本で、上場することによって優秀な人材の確保がしやすくなる利点もあるだろう。特に首都圏以外の地方では、上場企業の知名度と信用力による人材確保面でのメリットは大きく、企業の成長を担える人材を集めやすくなる（次章からの事例を参照）。

従業員も「上場企業の社員である」ことに誇りを持つようになり、家族や親戚、友人など、周囲から「上場企業＝きちんとした会社で働いている」と見られることで、仕事へのやる気や会社組織へのロイヤルティ（忠誠心）を高めることにもつながる。

また、東証で開かれる「上場セレモニー」は、経営陣だけでなく従業員にとっても記念すべき日になると多くの上場経験者は話す。さらに具体的な恩恵として、上場企業の従業員というステータスがあれば、住宅ローンなどを組む際に金融機関から優遇を受けられることも挙げられるだろう。

③ガバナンスと管理体制が整備され充実する

上場準備を進める過程で、コーポレートガバナンス（企業統治）や管理体制を整備・充実させることが可能になる。②とも関連するが、上場企業で働くことに従業員が誇りを持つとともに、上場企業の一員として高い倫理観・責任感・コンプライアンス（法令遵守）意識を持つことにつながるため、組織として自己制御が働くことにもなる。

一方、経営者もオーナーが属人的（ワンマン的）に決断したり差配したりする経営ができなくなる。経営者が会社を私物化することや不正ができないという経営へのガバナンスが効くようになるほか、権限委譲が進むことにより組織的経営が主体となるため、会社全体での生産性や効率性を高める行動を重視するようになる。

④M＆Aの積極化、事業承継への悩みから解放される

上場準備の過程を経て、経営基盤や人材の強化・充実とガバナンスが確立されることで、事業の成長に向けたM＆Aを志向する機会が増える。実際に、TPM上場企業ではM＆Aによって成長機会を模索する動きが活発になっている（次章からの事例を参照）。

また、経営の「後継ぎ問題」＝事業承継に関しても、組織経営の定着とともにチームで経営を考えていくことが可能になる。上場企業ゆえに財務情報も開示されるため、事業承継を社内外の優秀な人材もしくは企業に委ねることも容易になる。結果的に経営者の意向

図表7 企業の経営課題と上場の効果

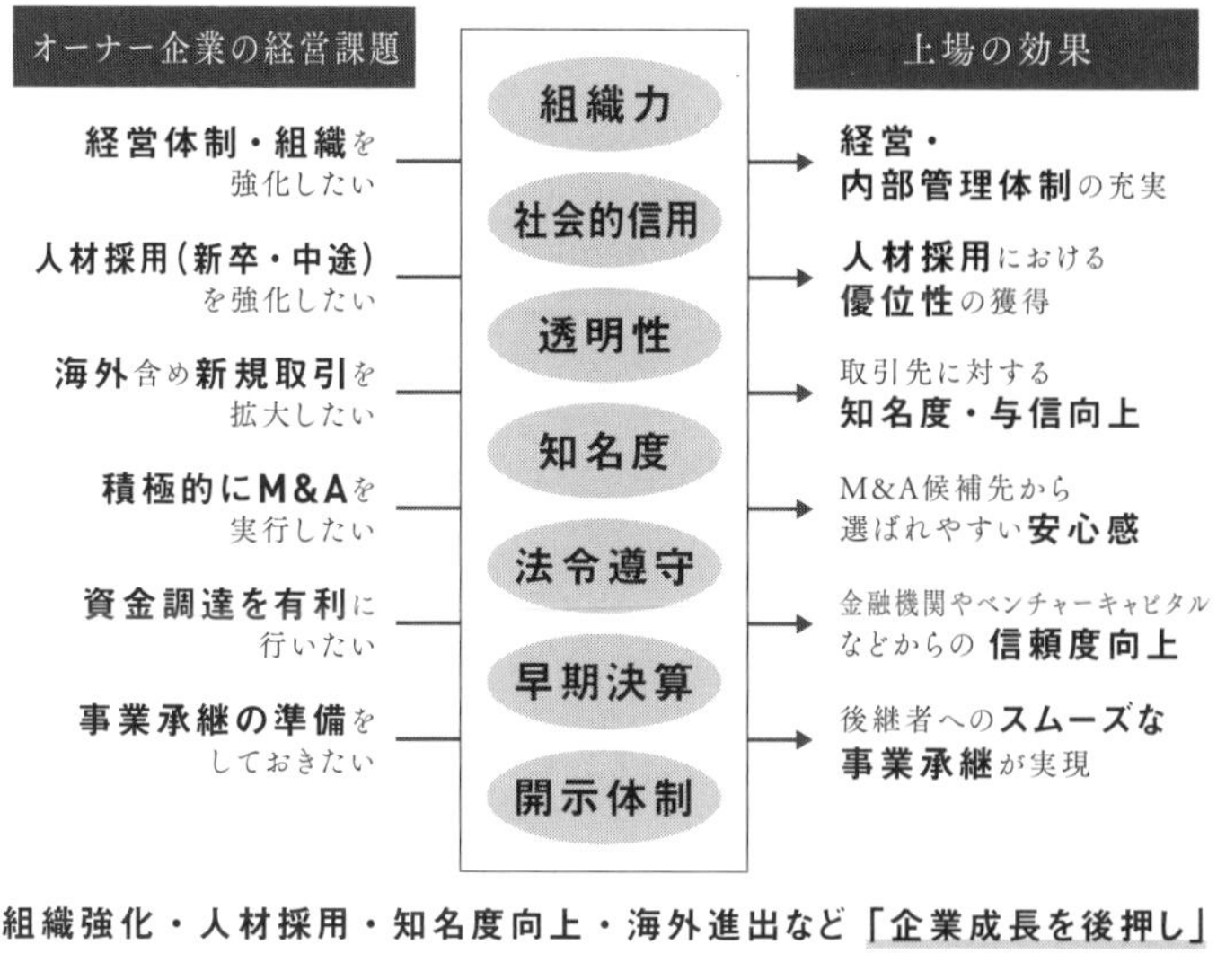
オーナー企業の経営課題
経営体制・組織を強化したい
人材採用（新卒・中途）を強化したい
海外含め新規取引を拡大したい
積極的にM&Aを実行したい
資金調達を有利に行いたい
事業承継の準備をしておきたい
組織力
社会的信用
透明性
知名度
法令遵守
早期決算
開示体制
上場の効果
経営・内部管理体制の充実
人材採用における優位性の獲得
取引先に対する知名度・与信向上
M&A候補先から選ばれやすい安心感
金融機関やベンチャーキャピタルなどからの信頼度向上
後継者へのスムーズな事業承継が実現
組織強化・人材採用・知名度向上・海外進出など「企業成長を後押し」

に沿った事業承継が実現する可能性が高まる。

こうしたメリットを通じて会社を成長させることができれば、TPMからグロースやスタンダードなどの一般市場へと移行し、さらに大きな上場メリットを獲得することも現実味を帯びてくるだろう。

TPM上場のデメリットは極めて限定的

反対に、TPM上場のデメリットはないのだろうか。

資金調達面を考えると、一般市場へ上場したほうがメリットは大きい。これまでに、TPM上場時にファイナンス（資金の調達・利用など）を実施した例は3件と限定的であり、事例は少ない。

しかしながら、例えばサブスクリプション（定額課金）型のビジネスモデルの会社や、大きな設備投資を必要としない会社にとっては、資金調達（大量の株式放出）をする必要はなく、ＴＰＭ上場でも十分といえる。

また、ＴＰＭ市場では前述の通り株式の流動性がほとんどないため、株式の価格上昇により創業者が得られるキャピタルゲインもほとんど見込めず、売却の機会も限定的である。加えて、上場後に急成長・急拡大が見込める会社であれば、一般市場のほうが大きな利益を期待できる。

ただし実際には、公募割れをしたり、上場後に伸び悩んで株価が低迷する「ＩＰＯゴール」になったりしている一般市場上場企業も多く存在するのが現実だ。市況に左右されることなく確実な成長を続けられるという点においては、ＴＰＭのほうが優れているともいえる。

外部への株式売却不要で経営の支配権を維持できる

「上場を考えていない」と言う経営者の多くは、その理由として、

「外部株主を気にしなければならなくなる」
「業績追求型になって理念を追い求めにくくなる」
などと答える。確かに、一般市場（プライム／スタンダード／グロースの各市場）では機関投資家とともに一般投資家も株式を購入・保有するので、こうした株主からの利益圧力にさらされる機会が増える。そのプレッシャーから、様々な成長機会を探るため会社が大きくなっていくこともあれば、逆に失敗して経営に綻びが生じるきっかけになることもある。

ところが、TPMは先述のようにプロ投資家向けの市場であり、株主構成を大きく変える必要がないため、一般市場のような利益圧力からはフリーでいられる可能性は高い（それでも会社の「所有者」である株主への利益還元や事業成長への責任は伴う）。流通させなければならない株式数や株式比率に関する基準もないほか、上場時に株式を手放す必要もない。「顔の見えない投資家」が突然、入ってくるケースはほぼないといえ、経営の支配権（オーナーシップ）を維持したままの上場が可能になる。

一方で、株式の流動性が低いということは、手持ちの株を何かの理由で換金したい（売りたい）場合にも、すぐには市場で売却することができない。株式の売却などには時間がかかる市場であり、これをデメリットと考える人もいるだろう。

3

ＴＰＭ上場までのコストと期間は

上場までのコストはおよそ２０００万～４０００万円、
上場維持には年間１５００万～２５００万円

ＴＰＭでは上場時と上場維持のために、主にどのようなコストがかかるのだろうか。

新規上場までの主な費用

①東証への支払い
・新規上場料（３００万円）
・新株発行等に伴う料金（実施する場合のみ）

図表8 TPM上場にかかる主な費用

主な支払先	新規上場まで	上場後（毎年）
①東京証券取引所	**新規上場料(300万円)** **新株発行に伴う料金** （実施する場合のみ）	**年間上場料** **(年48万～408万円)** **TDnet利用料** **(年12万円)** **新株発行に伴う料金** （実施する場合のみ）
②証券会社	**引受手数料**※1	**引受手数料**※1
③J-Adviser	**J-Adviser基本報酬** **上場時成功報酬等**※2	**J-Adviser基本報酬**※2
④監査法人	**ショートレビュー費用** **監査報酬**※2	**監査報酬**※2
⑤株式事務代行機関	**各種処理費用**※2	**各種処理費用**※2
合計	**2,000万～4,000万円前後**	**1,500万～2,500万円前後**

※1　ただし、株式による資金調達を実施しない場合には発生しない
※2　③、④、⑤への支払い額は会社の規模（売上、株主数、従業員数、関係会社数等）や個々のサービス内容に応じて価格が変動
出所：東京証券取引所資料より日本M&Aセンター作成

②証券会社への支払い

・引受手数料（スプレッド方式により、調達資金の総額から証券会社の引受価額の総額を引いた金額が手数料となる。ただし株式による資金調達を実施しない場合は発生せず）

③J－Adviserへの支払い

・J－Adviser基本報酬

・上場時成功報酬等

④監査法人への支払い

・ショートレビュー費用

・監査報酬

⑤株式事務代行機関への支払い

・株主名簿の作成及び管理、配当等の各種処理費用

上場維持のための主な費用

①東証への支払い

・年間上場料（年48万～408万円）

・「TDnet（東証の適時開示情報閲覧サービス）」利用料（年12万円）
・新株発行等に伴う料金（行う場合のみ）
②証券会社への支払い
・引受手数料（上場後に公募増資などで資金調達を実施する場合。ただしスプレッド方式により調達資金より支払い）
③J―Adviserへの支払い
・J―Adviser基本報酬
④監査法人への支払い
・監査報酬
⑤株式事務代行機関への支払い
・株主名簿の作成及び管理、配当等の各種処理費用

③～⑤は企業の規模や個々のサービス内容などに応じて費用が変動する。
東証によれば、これらを換算するとTPM上場時には2000万～4000万円の費用が、また上場維持には年間1500万～2500万円の費用がかかるケースが多いという。

ただ、一般市場への上場と比べると、これら上場関連費用は低く抑えられるのが通例だ。

――わずか約2年で実現できる上場プロセス

TPMに上場するまでには、どのようなプロセスが必要なのだろうか。大まかに次の9つのステップがある。

①上場の検討開始
②J－Adviserと契約を結ぶ
③社内体制を整備し、開示体制を構築する
④J－Adviserが上場審査を実施する
⑤東証へTPM上場の意向を伝える
⑥東証がJ－Adviserと面談する
⑦J－Adviserが東証に上場を申請する

図表9 TPM上場までのスケジュール

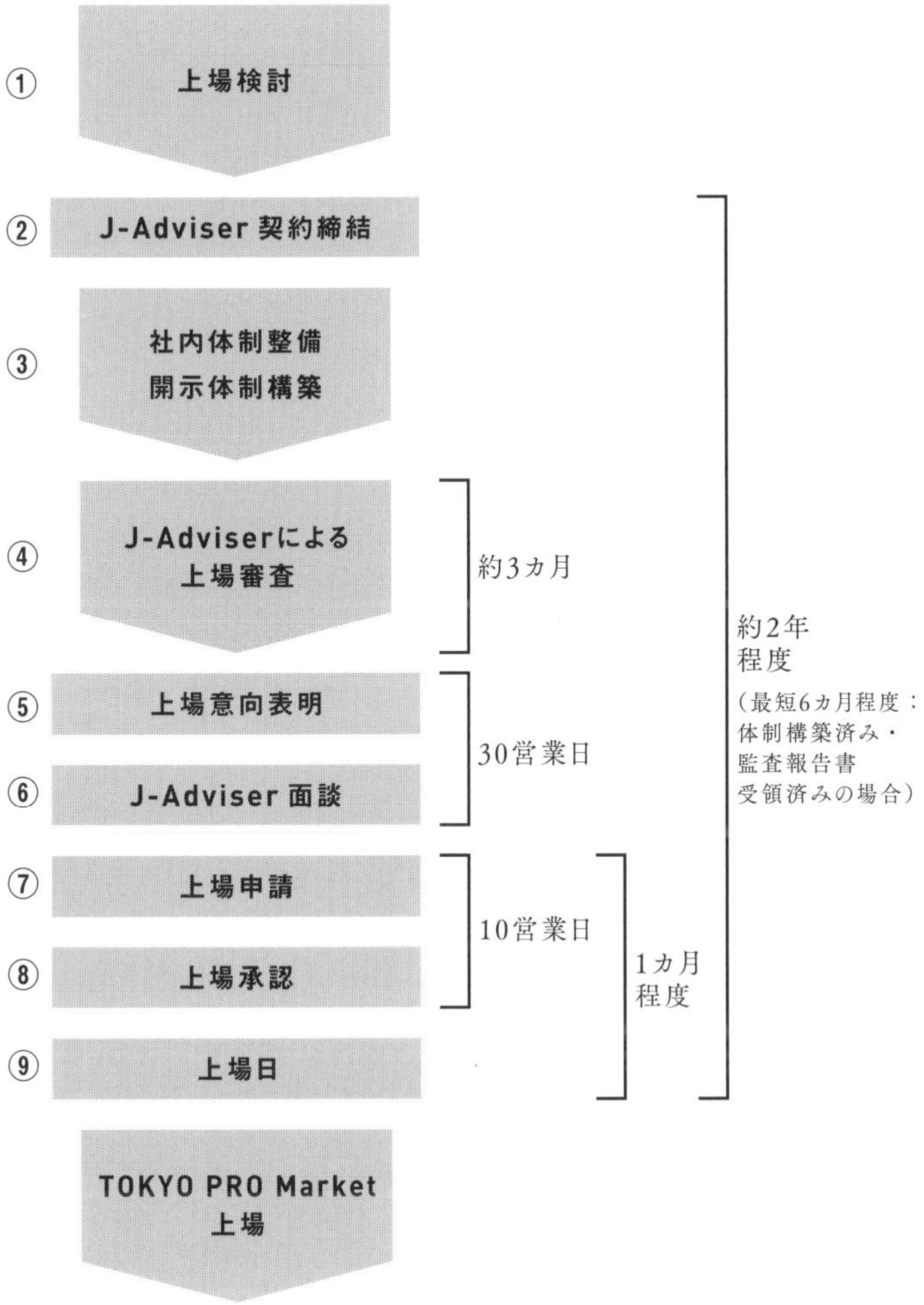

⑧東証から上場が承認される

⑨上場日を迎える（取引開始、上場セレモニー）

このうち、最も時間がかかるのは③の社内体制の整備と開示体制の構築だろう。J－Ａｄｖｉｓｅｒは審査までに様々なサポートを実施するが、財務諸表（貸借対照表、損益計算書）については監査法人から「適正」だと認められなければ、上場申請へ進むことができない。そのために社内で各種規程を整備し、開示の体制も含めて基盤を構築していくことが必要になる。

ただ、一般市場では決算2期分の監査での「適正」が必要となるが、ＴＰＭは1期分（1年間）に短縮される。その会計監査も「決算数値が正しいかどうか」に限定され、内部統制監査は必須ではない。ハードルは低いといえよう。このため約2年という短期間で上場まで漕ぎ着けることが可能になる。

③をクリアすると、上場審査の段階に進む。ＴＰＭへの上場審査（④）は東証に代わってJ－Ａｄｖｉｓｅｒが行い、さらにその上場審査をクリアすると、J－Ａｄｖｉｓｅｒを

通じて東証へ上場申請に係る上場意向表明を行う（⑤）。意向表明後は東証の審査担当者がJ－Adviserと面談し（⑥）、各種資料の確認やヒアリングを重ね、J－Adviserのこれまでのプロセスが適切であったか確認する。東証による確認を経て、いよいよ上場申請（⑦）となる。

J－Adviserが「有価証券新規上場申請書」を東証に提出して上場申請が完了すると、上場予定日が公開される。そこから約10営業日後に東証の承認が下り（⑧）、上場日を迎える（⑨）ことになる。

こうして、晴れて上場企業の仲間入りを果たした企業はその後、上場を維持しながら自社の成長を追求していくことになる。

TPM上場で具体的にどのような効果や影響が出てくるかについては、第2章のケーススタディで紹介していく。

第2章

5つの実例にみる
地方でこそ活きるTPM
上場の絶大なメリット

※文中の役職名等は2023年6月末時点のもの

CASE 1

ONE GROUP 株式会社

M&A戦略の信用力をサポート、上場を機に自ら学ぶ組織に

会社名	ONE GROUP株式会社
代表者	田中 文彦
本社所在地	大阪府東大阪市
設立	1976年9月3日
事業内容	金属部品加工事業
グループコンセプト	新時代のモノづくり企業に必要なのは、強みを磨きあえる同志です。
TPM上場日	2021年6月30日
証券コード	6168
上場時資本金	10,000千円(2021年5月27日時点)
上場直前期売上高	3,739,851千円(2020年6月期)
上場直前期従業員数	339名(2020年6月期)

歯車加工設備の段取り中、加工物の振れを測定している

2022年度の後期に放送されたNHK朝の連続テレビ小説『舞いあがれ！』。ドラマの主要な舞台となったのは、主人公が生まれた大阪府東大阪市だ。そのストーリーでもメイン部分を担ったように、東大阪市は「モノづくり」の街。多種多様な機械部品などを製造している中小企業が集まり、その高い技術水準でわが国の製造業を足元で支えている。

2021年6月30日にTPM上場を果たしたONE GROUPも、そんな東大阪市のモノづくりを担う1社だった。上場直前の2020年6月期の連結決算は、売上高が37億3900万円、営業利益はマイナス1億5800万円、最終利益は2億5700万円だった。上場後の初決算となる2022年6月期には連結売上高は前期比31・6％増の47億3100万円と堅調な成長を見せている。

「私が社長となったのはリーマンショックの前で、事業も順調に大きくなっていて、『これで一生、安泰やろうな』と思ったものでした」

そう語るのはTPM上場を牽引した田中文彦社長だ。ONE GROUPの母体は、田中社長の妻の父方が1952年に創業した歯車（精密ギア）製造のオージック（東大阪市）だ。その田中家の入り婿となって、文彦氏は1995年2月にオージックに入社した。

社長に就任した頃のオージックは、2007年1月に旋盤加工やマシニングセンタ（MC）加工が可能な第6工場を本社内に増設するなど、勢いがあった。

――リーマンショックで経営一変、社員リストラの辛酸をなめる

しかし、2008年9月に米リーマンショックが起こり、世界経済が急落すると、状況

は一変した。

「売り上げが前年実績の3分の1になって、その売上高と同じような額の赤字が毎月続くようになったのです」

リストラせざるを得ない事態に直面し、従業員を削減することになったという。

「中小企業での人員削減は、影響が大きいですよ。仕事量そのものは1年ほどで回復してきたのですが、社内は不調和で不穏な状態が続き、せっかく声をかけてもらった仕事なのに結局は社内の混乱で受注できないこともありました」と、田中社長は当時の苦境を振り返る。

困難に直面していた時期に田中社長が出合ったのが、京セラやKDDIの創業者で日本航空（JAL）の経営再建でも腕を振るった故・稲盛和夫氏が1983年に開始した、若手経営者向けの経営塾「盛和塾」だった。

盛和塾で学ぶうちに、会社には経営理念やフィロソフィー（方針、経営哲学）が重要だと認識した田中社長は、理念やフィロソフィーを整えて、社員と共有しながら一致団結して経営を進めていくことを心に誓った。

「しかし、それまで何もなかった中小企業に理念やフィロソフィーを急に導入すると、反発を受けることも多いんですね。当社も最初は混乱を招いて、数人が辞めていくことになりました」

とはいえ、経営理念やフィロソフィーを掲げて自社の経営の質を高めようとするのは、王道中の王道だ。1年もすると社員も徐々に理解と共感を持ちはじめて、社内は落ち着きを取り戻した。

その一方で、リーマンショックで得た反省は「歯車だけの一本槍ビジネスでは、不景気になった時に業績の振れ幅が大きい」ことだった。

「特定の業界やお客様に依存していたこともあって、良い時にはリーマンショック前のように好調ですが、悪くなると業績が激しく落ち込み、食えなくなる。それを避けるためにも、違う業種や別な製品分野の事業を持たねばならないと気づいたんです」

ここから、M&A戦略を活発化させていくことを考えるようになった。

次々とM&Aでグループ化

——事業の多角化とビジネスの拡大に向けた最初の投資は2013年12月。精密機械加工や試作品製造のイセキテック（大阪府堺市）とのM&Aだった。同社はその後、2016年に吸収合併され、今はオージックの1部門となっている。

このほか、業容を拡大するためのM&Aを毎年のように続けていった。

・2016年9月　セイエン（金属パイプ部品加工、広島県呉市）
・2017年2月　鍛冶屋（精密部品加工、大阪府堺市）
・2018年9月　三翔精工（精密微細加工、鹿児島県霧島市）
・2019年11月　美原精工（ボールねじ等加工、大阪府堺市、2020年12月にオージックが鍛冶屋とともに吸収合併し1事業部門化）
・2020年2月　フジタイト（難削材切削加工、徳島県吉野川市）
・2022年6月　広進工業（自動車部品切削加工、富山県滑川市）

オージック東大阪工場の歯車研削加工ラインの様子

（※地名は買収当時の本社所在地）

こうした買収に先立って、2012年11月には韓国へウォン（Haewon）社の株式50%を取得して歯車製造を開始した。2013年には台湾・台中市に独資で歯車の製造販売会社の江菱有限公司（JLTA）を設立し、現地生産とともに台湾と中国本土へオージックの製品を供給する販売網も準備した。

TPMに上場後の2023年2月にも、農業機械・航空機部品等の切削加工のオイダ製作所（岐阜県大垣市）を買収するなど、多角化へのアプローチは緩めていない。

M&Aの「競争優位性」を高めようと上場を決意

こうして次々M&Aでグループ化していったことで、事業ポートフォリオは格段に充実し、経営的な体力は強化されていった。それぞれの事業がもたらすシナジー（相乗）効果も高まった。

祖業でもある歯車は、高強度・高精密が求められる工作機械や産業機械、農業機械、自動車や船舶、航空機向け部品などに使う歯車などを顧客の設計に基づき、ほぼ100％フルオーダーメイドで加工・生産する体制を実現できた。微細な精密加工から、モーターの回転運動を直線運動にするボールねじなど産業機械向けの大型ねじまで、幅広い受注生産に対応できるようになったのだ。景気の好・不況の変動だけでなく、市場の将来性が大きな新製品向けの試作まで、先を見据えた部品製造が可能になった。

しかし、順調にM&Aを進めてきたように見えて、田中社長は悔しさも味わっていた。

「M&Aでも買収に数社が手を挙げることがあります。その競合が大手の上場企業だと、ほぼ負けてしまうんですね。やはり売り手にとっても、上場企業に会社や事業を売却するのであれば、社員や株主などステークホルダーも納得しやすいようで、非上場だったウチでは敵わないこともありました」

忸怩《じくじ》たる思いを払拭したいと、検討しはじめたのが株式公開だ。上場すれば、大手とのM&Aにも対抗できるかもしれない。そんな時に田中社長は、経営者仲間から、TPMというプロ向けマーケットがあることを耳にした。そして2019年3月、TPMのJ－Adviserに相談したのである。

フィロソフィーに共感できる上場の「参謀役」と意気投合

上場の準備を始めるにあたり、田中社長は人材紹介会社などを通じて、上場の手続きに詳しい経験者を招き入れようとした。そうして白羽の矢が立ったのが、後に同社取締役となった大井実氏だ。

大井氏は司法書士事務所や貿易会社を経て、1990年にフェリシモに入社。2006年から同社取締役経営企画部長となって、フェリシモが2006年2月に東証二部に上場した際の現場を取り仕切った経験を持つ。その後は2015年に福祉・介護用品メーカーの幸和製作所に移籍して、同社のジャスダック・スタンダード市場（当時）での株式公開も先導した人物である。大井氏は当時を回顧する。

オージック美原工場の旋削・フライス加工ラインの様子

「人材紹介会社に『大井さんにピッタリの会社があるから』と紹介されたのがこちらでした。けれど本社も遠いし、最初は話を受けるのをやめようと思っていました」

大井氏は滋賀県内に自宅があり、東大阪市にある本社までは通勤に片道2時間半はかかるという。

「断るつもりで東大阪まで出かけたのですが、田中社長にお会いして話をしてみたら、盛和塾とフィロソフィーの話で盛り上がってしまって」

大井氏が勤めていたフェリシモの矢崎勝彦社長（当時）は、経営者・稲盛和夫に心酔して盛和塾の立ち上げに関わったひとりでもある。その薫陶を受けていた大井氏と田中社長が意気投合するのは当然だったのかもしれない。

田中社長は「出社は午前10時でもかまいません。ぜひ当社の上場を指揮していただきたい」と懇願した。その熱意にほだされて、大井氏は2019年11月に入社し、2020年3月に取締役に就任、上場への準備作業をリードすることになった。

——監査法人からの衝撃の「棚卸し中止宣言」が社内を変える

大井取締役が入社した直後の12月末の中間決算、そこでトラブルが発生した。棚卸しの方法を変えようとしたため、現場に混乱が起きたのだ。「今からそんな変更はできません」

と、現場は強く反発した。

しかし、上場に向けて監査法人による棚卸し監査を受けると、「これではダメだ」と監査法人は棚卸しの中止を宣言し、そのまま帰ってしまったという。これにはさすがに現場の監督者も慌てた。上場基準に見合った棚卸しを、急遽、導入することになったのだ。わずか2カ月で巻き返し、再び監査法人のチェックを受けてOKが出た。

このような社内の適応力について、大井取締役は「やはり、必ず上場するんだという田中社長のリーダーシップが強固だったのが、社内をまとめるうえでは不可欠でした。経営者の強い意志がないと、社内を変え切ることができません」と強調する。

今まで問題がなかった仕事の方法を変えねばならないのは困難の連続だが、当の田中社長は、「こういう会社にしたいというフィロソフィーがまずあって、どんなバリューを生むか、そのためのミッションとは何かをグループ内に浸透できていたのは大きかったと思います」と話す。盛和塾を通じて磨いた田中社長の経営への信念が、花開いた格好であった。

様々な規程に合わせる社内改革もスムーズに進行

上場への体制を整える意味もあり、2020年7月に管理部門を別の子会社（日本標準歯車販売、東大阪市）に移管して「オージックグループ」と商号を変更。このオージックグループを持ち株会社として、事業部門や買収した企業を傘下に置く形に整理した。田中社長は、その意図をこう説明した。

「それぞれの事業会社がオージックの子会社となる関係ではなく、持ち株会社・オージックグループにぶら下がって同列になってグループの方向性を決めていく形にしたかったんです」

同時に、上場準備も本格化した。まずは、会社法や金融商品取引法などに沿った社内のルールづくりだ。上場基準をクリアできるような雛型を持ち込んで、それに合うように会社のルールを変えていく必要がある。大井取締役は、こう振り返る。

「上場準備には順番があります。最初は規程類の整備ですが、オージックグループはこれから上場準備という段階だったので、一から規程類を策定していく作業から始めました。すでに各種規程がしっかりある企業だと混乱も起こりやすいのですが、当社は必要な規程を他所から持ってきて会社の中身を変えていくことができる段階でした。非常にスムーズに進んだと思います。これによってグループ内で混乱や軋轢《あつれき》が起こることは、ほとんどありませんでした」

上場目標で「自ら学ぶ」組織に大きく変化

こうして課題を一つひとつクリアしていきながら、2021年6月30日にオージックグループはTPMへの新規上場を果たした。TPMへの上場を目指した過程で、田中社長が最も感銘を受けた変化が「学ぼうとする組織へと生まれ変わってきた」ことだったという。

例えば、上場基準を満たしていくには、そのために必要な経営手法や法規、ルールの成り立ちなどを学ばねばならない。大井取締役がこんなエピソードを語ってくれた。

「経理部長として大手企業の経験者を採用したことがありましたが、大手ではしっかりし

2021年6月30日、TPM上場セレモニーにて

た経理部の中で最終チェックだけをすれば済んでいたのでしょう。でも、中小企業だと一から仕組みをつくっていかねばなりません。それができなかったので、残念ながらその方には辞めてもらうしかなかった。そうしたら、社内の経理部門にいた中堅社員が自分で学ぶようになったんです」

そこで大井取締役は、監査法人でマネジャーをしていたプロにコンサルタントとして入ってもらい、社内にいるメンバーを鍛えてもらうようにしたという。

田中社長は、「こうした姿勢は上場前にはありませんでした。この変化の起点となったのは、TPM上場という目標に向かって皆が一緒に前進し、それに必要な知識や経営が明確になったことです」と解説する。

――M&Aの質・量が高い水準へと上昇

「上場により、中途採用で集まる人材がとても増えて優秀な人を集めやすくなったとともに、やはりM&Aの案件が質・量ともにケタ違いに充実しました」と、田中社長はうれしそうに述べる。

上場を果たし中堅企業となった今でも、「モノづくり企業の人材採用市場はレッドオーシャンで、なかなか集めにくい」と田中社長。その面でも、有為な人材の多い有力な企業をM&Aでグループ内に取り込んでいくのは大きな利点になる。

「上場前は売上高が数億円、社員数が50人以下という企業のM&A案件が多かったのですが、上場後は売上高10億円以上で社員も50人以上という案件が増え、いろいろな仲介事業者から話が舞い込むようになりました」

今後は、海外に生産工場をすでに持っている製造業の会社を買収するなどで、海外生産への足がかりを摑むかまえだ。

「将来的には、東証スタンダード市場への指定替えを目指していくが、いきなり一般市場

オージック美原工場の様子

へ上場しようとしても、なかなか一足飛びには実現できない。しかし、TPMは自社の現状の株主だけで上場できます。TPM上場で基盤を固めて、次に進むのが最適解だと思います」

2023年10月2日、「オージックグループ」から「ONE GROUP」へと社名を変更した。「グループとしてより強固に『ひとつになる』という意味を持つ『ONE』の文字を冠し、唯一無二のビジネスモデルを実現」するためという。

田中社長いわく、「新時代のモノづくり企業には、強みを磨きあえる同志となる企業が不可欠」。経営の基盤固めを手抜かりなく進めながら、スタンダード市場上場に向けて資金調達面の力を拡充するためにも、新しいＭ＆Ａによるビジネス拡大を狙っていく。

CASE 2

株式会社 アートフォースジャパン

静岡県伊東市で「最初の上場企業」目指し実現、地盤改良事業で躍進

会社名	株式会社アートフォースジャパン
代表者	山口 喜廣
本社所在地	静岡県伊東市
設立	1990年1月22日
事業内容	地盤改良事業、建築事業、その他事業
経営理念	1.常にチャレンジャースピリットを持ち挑戦し続ける集団を目指す。 2.外部環境 変化に対応する為、未来志向で自ら変化の先頭に立ち続けていく。 3.顧客第一主義…お客様の『痒い処に 手が届く』よりも『痒くなる前に気が付く姿勢の堅持』。 4.高い倫理感を持ち、不正を排除し、正当な競争環境の堅持。 5.反社会的勢力との関係遮断
TPM上場日	2020年10月21日
証券コード	5072
上場時資本金	50,980千円(2020年9月18日時点)
上場直前期売上高	4,515,558千円(2019年12月期)
上場直前期従業員数	200名(2019年12月期)

名湯がたくさんある静岡県の伊豆半島。中でも、半島の東にある伊東市は多くの著名な温泉旅館やホテルが並ぶほか、海の幸が豊富でリゾート施設や保養所も多い観光の街である。

多くのゴルフファンが憧れる名門・川奈ホテルゴルフコースにも程近い丘の上に、アートフォースジャパンの本社がある。2020年10月21日にTPM上場を果たした地盤改良事業を主とする企業だ。それは伊東市にある企業で初めて上場企業が誕生した瞬間だった。

――「伊豆の小さな街にいても上場はできる」

「最初は『かっこつけたがり』ですよ。上場できたら、かっこいいだろうと。伊東市には上場企業が1社もない。伊豆にも企業はありますが、高校や大学から神奈川や東京へ進学した人たちは、卒業しても帰ってこない。就職先がないから帰ってこられないんです。帰ってこない人が多いと当然、人口が減ります。だったら伊東にも上場企業があっていいのではないか、と思ったのが上場を真剣に考えるきっかけでした」

アートフォースジャパン創業者でもある山口喜廣社長は、上場を決断した理由をこう説明した。

高齢化社会が進むなかで、東京で働いていた人が年老いた両親や祖父母の介護などのために地元に戻るケースも増えている。

「そういう人が地元に帰った時に、それまでの知識やスキルを活かせる働き場所としての上場企業が、地元にもあればと。そういう環境をつくりたいと、2006年くらいから上場を考えるようになりました」

地元・伊東市を盛り上げようとの熱意は強く、山口社長は上場について、「誰か先にやった人がいれば、後に続く人が出てきます。僕は若い時に創業したので地元では『生意気な若造』と見られていましたが、上場してからは地元建設業界の先輩たちの見る目も変わったし、若い経営者から相談を受けることも増えました」と話す。

地元貢献への意識の強さは、2020年春にコロナ禍が始まると、6月に伊東市役所や伊東市内の高校へマスク1万枚を寄贈したことからもうかがえる。

「クレーン車＋操縦者」のレンタル事業で創業

2022年12月期の連結業績は、売上高が47億9000万円（前期比8％増）、本業の儲けを示す営業利益が1億2700万円（同12・4％増）だった。売上高のうち、主力の「地盤改良事業」が約36億円を占める。次いで、セキスイハイム東海（静岡県浜松市）の住宅建設を請け負うアートフォースジャパン子会社のアクシスや、同じく子会社の塚本工務店が担う「建築事業」が約8億9100万円、その他として建築資材や工事用クレーン車のレンタル・リース事業が約2億9100万円だ。

アートフォースジャパンとしての祖業は、クレーン車のレンタル事業だった。山口社長が事業を始めたのは1990年のこと。当時、まだ22歳。父親が急に亡くなり、家業や相続をめぐって親戚ともめるなどの混乱を経験した後だった。

山口社長は「最初は造園業をやりたかったんです」と話す。伊豆の温泉地・リゾート地でもある伊東市には旅館やリゾート施設が多く、また別荘や企業の保養所なども多かった。

ほとんどの施設には庭や植木もあり、それらの植栽をきれいにする需要は高かったという。

「木は毎年伸びるので、切れば翌年にも仕事があって、なくならない。そう思ったのですが、バブルが崩壊して風向きが変わりました」

庭木の整備やメンテナンスにお金をかけなくなり、旅館やリゾート施設の廃業なども増えた。企業の保養所もどんどん縮小され、数が減っていった。

「そんな状況で、次に何をやれば食べていけるかと真剣に考えました。そこで考えついたのが、工事現場で何度か見ていたクレーン車でした」

クレーン車は建設機械のひとつだが、扱いがとても難しい機械だという。「ブルドーザーやパワーショベルのような通常の建機なら、資格を持っている人は操縦できるんです。しかし、クレーン車は資格者が10人いても1人くらいしか扱えない。そういう難しさがありました」。

そこで、友人2人とアートフォースジャパンの前身となった新会社「有限会社アートクレーンカンパニー」を立ち上げた。3人ともクレーン車を操縦できる資格を取って、クレーン車と操縦者を一緒にレンタルする会社として創業し、バブル後の景気低迷で建設会社が買いにくくなったクレーン車を、操縦者込みでレンタルできる便利なサービスとしてスタートを切った。

住宅建築をきっかけに
地盤改良のノウハウを手に入れる

人材込みのクレーン車レンタル事業は仕事数こそ順調に伸びていったが、だんだんと地元の仕事は食い尽くしていき、他の地域から受注を取るしかなくなっていった。

「しかし、クレーン車は走行速度が遅いので、高速道路に乗れないんです。上り坂だと時速30キロメートルほどしか出ない。仕事量の多い神奈川や東京に出向いていこうと思っても、限界があったのです」

そこで次に始めたのが住宅建築だった。山口社長が25歳の時に、住宅建築を請け負う子会社アクシスを設立。そこで、住宅建築ビジネスを拡大していた積水化学工業の戸建住宅ブランド「セキスイハイム」の本体工事店（基礎工事から住宅引き渡しまでを担当する工務店）となり、伊東市を中心に静岡県東部のセキスイハイムの建設工事を手掛けていった。

このセキスイハイムを建設する際に出合ったのが、立地区画の地盤改良工事の技術だ。

地盤改良工事をしている様子

1998年頃から、アクシスを通じアートフォースジャパンは地盤改良事業のノウハウを磨いていったのである。

――住宅品質の向上を目指す法律施行が追い風に

この地盤改良事業は現在、アートフォースジャパンの主力事業になっていることは先に述べた通り。急速に伸びた背景には、2000年に施行された「住宅品質確保法（品確法）」があった。

正式名称は「住宅の品質確保の促進等に関する法律」という。最も重要なのは、住宅を建てた工務店やメーカーに10年間の保証期間を設けたことだ。つまり新築から10年の間に雨漏りや構造上の不具合が起こるなど瑕疵《かし》（キズ、問題点のこと）があった場合には、無料で建て直す義務がある「瑕疵担保責任」を定めた法律なのである。

「品確法の施行によって、それまであまり導入しないケースもあった地盤改良を、ほぼすべての工事で実施するのが当然になりました」と山口社長。品確法の施行を意識して、住宅建築事業や、その後の地盤改良事業へと進出したわけではなかったが、新たなビジネスの柱となった地盤改良事業を起点として、アートフォースジャパンは業績を安定的に拡大していくことが可能になった。

リーマンショック前に上場検討も、社内体制の未成熟で断念

地盤改良事業には、大きく3つの業務がある。①地盤調査、②地盤改良工事、③地盤品質保証だ。これらの各業務を、アートフォースジャパンは自社のみのワンストップで提供できるようになっている。自前で調査した内容を施工にも活かせるほか、施主である顧客

がどんな建築物などを必要としているかを、まず把握できる。そして、本当に地盤の改良や強化が必要かどうかを見極め、必要かつ十分な地盤改良を実施することで、土地の状況に見合った建物の安全と品質を確保できるようなサービスを提供している。ワンストップサービスが相乗効果を生んでいるのだ。

さらに最近では、建築予定地の現地状況を3D（3次元）データ化する「3D点群測量」のサービスも駆使しており、住宅分野で新しい価値を提供するような先端的な取り組みも推進している。

住宅建設の工法も進化させている。独自開発した鋼管の杭を強固な地中の地盤に打ち込み、それによって建屋の傾きや沈み込みを防ぐという「ウィンパイル工法」なども実用化した。鋼管杭はらせん状の先端部をしているため、固い地盤にも打ち込みやすいなど掘削力が高く、コストダウンにも貢献するという。

そうした経営基盤を確立できたのも、2000年代に入ってから急成長した地盤改良事業のおかげだった。その勢いもあり、山口社長は2006年頃から、「東証マザーズ市場などに上場できるのでは」と考えはじめたという。

「今思えば、時期尚早だったし、社内の体制もまだまだでした。正直なところ、軽く考えすぎたなと思いました」

山口社長はそう振り返るが、準備を始めた矢先に起こったのが、リーマンショックだった。

「リーマンショックが起こった2008年でも、業績は伸び続けていました。でも、上場についての作業・業務がわかる人材がそろわないし、社内体制も不十分だった。なので、リーマンショックを理由に上場作業を先延ばししたのです」

縁や運が呼び込んだ人材で社内基盤の拡充が進む

会社の成長と将来の上場を担う人材がそろっていったのは、〝縁〟だったという。

リーマンショック時に、アートフォースジャパンを担当していたメイン銀行である静岡銀行の担当者だった持塚隆氏（現・アートフォースジャパン取締役経営統括本部長）が、銀行から転職することになった。山口社長は、「上場を考えていると打ち明けてから、いろいろと相談させていただいた。数字に強く経営分析にも明るい彼のおかげで、経営企画を任せられるようになりました」と説明する。

縁が次に引き寄せたのが、連結での経理・財務がわかる人物だった。

「伊東のハローワークで募集したら、小田急グループの東海バス（本社・伊東市）などでの経験もあり、直近で関連企業の上場準備をしていたという人物を、たまたま紹介されました。今でも経理部長として活躍してもらっています」

さらに、2006年に上場を検討した時に、担当した証券会社で公開審査部（上場基準に見合う経営状態かを判断する部署）にいた人材が、2017年、定年退職を迎えたといってあいさつに来た。なんと、前年に亡くなった父親から相続した伊東市にある別荘に住むことになったというので、総務部長として招き入れた。

「本当に、縁あって人に恵まれた」と話す山口社長だが、そうした〝運〟もあって上場を目指せる経営基盤と人材が整っていった。

大阪にて、山口社長と地盤改良工事の施工班メンバーと

「経営をキレイに」を目指して
——TPM上場を決断

2022年に東証の市場再編があるとのニュースが流れはじめた頃、「TPMというプロ向けの上場市場がある」との話を聞いた山口社長は、「まずは、そこから上場してみよう」と考えたという。

「例えば退職金の規程がない、残業代もきちんと支払われるかわからない、税務署が監査に来たらビクビクしなきゃならない——そうした企業が地方には多いのではないかと思います。上場するには、そうした不安定な状況を解消して、上場基準を満たし、会社をキレイにしなければなりません。そこで、まずはＴＰＭの基準に沿って会社の体制を整えたら、次の東証グロース市場などへとステップアップしやすくなると考えたのです」

すでに上場への作業に必要な人材も集まり、就業規則や退職金規程の整備など、上場基準を満たすための仕組みづくりは進んでいた。そして２０２０年9月18日にＴＰＭ上場を申請し、33日後の同年10月21日に上場を果たしたのである。

上場後、「Ｍ＆Ａ情報の確度が急速に高まった」

ＴＰＭ上場の大きなメリットとして山口社長が感じているのが、「Ｍ＆Ａに関する情報の確度が高くなった」ことだ。アートフォースジャパンはこれまでも、Ｍ＆Ａで陣容を拡充してきた。２０１６年にはガス管等の敷設作業で使う土留めパネルのリース事業を展開していたクラウン工業（茨城県土浦市）、２０１７年には工場や研究施設の修繕・メンテナンス工事を得意とし公共事業も手掛ける塚本工務店（神奈川県小田原市）などをM&Aによって完全子会社化し、グループを形づくってきたのだ。

これによって2016年12月期には20億円台後半だったグループの連結売上高は、2019年12月期には45億円強にまで拡大し、TPM上場への弾みになった。

今後は本業である地盤改良事業の拡大に向けて同業の買収を山口社長は考えており、そのための情報収集や交渉などを進めている。そんななか、TPMに上場したことで信用力が高まり、また業績的にも社内体制的にも新たな買収が可能な経営力があることも対外的に明らかになり、各方面から「今までよりも確度の高いM&A情報が集まるようになった」と山口社長は手応えを感じている。

――求人の広告コストは4分の1でも3倍の応募数

一方、建設業界で構造的な問題にもなっている人手不足を解消する点でも、TPM上場は効果を発揮しはじめているようだ。求人を出した時の反応が変わってきたのだ。

本社にて、山口社長による新人営業担当社員への研修の様子

「2019年には2000万円ほどを求人広告に使っても、求職者は数十人しか集まらなかった。事務員1人を採用するのも大変でした。それが、TPM上場の直接的な効果かどうかは検証できていませんが、150人ほどが集まるようになり、求人広告にかけたコストは約4分の1にまで減りました」

社内でも、数年勤めている社員が「両親から、お前が上場企業で働ける日が来るとは思わなかった、と喜ばれました」としみじみ語るなど、上場効果を実感できるエピソードも伝わるようになってきた。

「昔はM&Aというと、業績が傾いたから買収されるんだ、というようなネガティブな反応もありました。しかし時代も変わって、最近では事業承継が困難な企業がM&Aを前向きに考えるようになっています。コロナ禍の収束などが見えはじめても、事業環境は急速に改善するとは考えにくい。そこで、まずは自らの地盤をM&Aなどを通じてさらに固めたい。『伊豆にも有力な上場企業があるんだ』と認めてもらうまで、がんばりたいですね」

伊東市から立ち上がったアートフォースジャパンは、上場企業として地元に貢献しながら、M&Aを通じて事業基盤をさらに全国へと拡大していく準備に余念がないようだった。

CASE 3

株式会社
サトウ産業

自社のみで作業を完遂した「手づくり上場」で
究極の社員教育

会社名	株式会社サトウ産業
代表者	佐藤 明郎
本社所在地	新潟県上越市
設立	1974年10月7日
事業内容	鉄工建設事業
経営理念	固定観念にとらわれない柔軟な思考　奇抜な発想 行動は大胆に
TPM上場日	2021年10月14日
証券コード	3450
上場時資本金	100,000千円（2021年9月10日時点）
上場直前期 売上高	2,039,561千円（2021年2月期）
上場直前期 従業員数	74名（2021年2月期）

2023年春に引き渡した西新宿の再開発物件。高さ140m、35階建て。新潟県で一番高い朱鷺メッセ（新潟市）に匹敵する超高層建築物の製作に携わる

新潟県上越市の中心部から、「ほくほく街道」と呼ばれる国道253号を車で東進すること約15分。田圃《たんぼ》が広がる景色が途切れるあたりに、壁に「柔軟・奇抜・大胆」と大書された工場が見えてくる。

ここが、2021年10月14日にTPMに上場したサトウ産業（上越市）の本社だ。ビルなどの建築物の中にある「柱」や「梁」などの構造体を自社で設計・製造する鉄工建設事業が主力だ。いわゆる「鉄骨ファブリケーター」と呼ばれる企業である。鉄骨ファブリケーターは一次加工を外注しているケースが多いが、サトウ産業は構造

体の設計と製造を95％まで内製化している。それにより効率性を高めて収益力をつけてきた。

地盤的には、新潟県を中心とする上越地区のほか関東圏での営業力に強みを持つ。2011年に国土交通省から鋼構造物製作工場「Hグレード」の認定を受け、地上10階建て以上の中規模ビルや、同100メートル超級の高層ビルに使用される難度の高い鉄骨も得意としている。

――自社の社員だけで上場準備を完遂

1974年10月に創業した会社を上場まで導いたのは、創業者の長男・佐藤明郎社長だ。「TPMという市場だからこそ、当社でも上場できると思いました」と話す。そして驚くべきは、上場にあたって外部から上場準備や規約類の整備に詳しい人材を招かずに、すべて自社の社員で対応して上場を果たしたという点だ。

「自社で全部やれないことはない、と最初から思っていました。外部から専門家を招き入れることは考えていませんでした」

その発想力と行動力は佐藤社長の信念やキャラクターにも大いに関連があるだろう。本社工場の壁に書いてあった3語の秘密を解き明かすと、佐藤社長の「発想の原点」が見えてくる。

「固定観念にとらわれない『柔軟』な思考と、『奇抜』な発想、そして行動は『大胆』に」

その信念を貫き通す姿勢が、上場企業には珍しい「社員だけで上場の準備と審査を通過する」という力業《ちからわざ》につながった。

難しい挑戦こそ
「究極の社員教育になる」

新潟県内の企業でTPMに上場したのは、サトウ産業が2社目である。佐藤社長が上場へ挑戦しようと考えたのは、鋼材加工事業の清鋼材《すが》（糸魚川市）が2019年に新潟企業で初めてTPMに上場したという新聞記事を読んだのがきっかけだった。「その時TPMを初めて知りました。すぐに資料を取り寄せて調べてみたら、『これならウチの会社も上場できるのでは』と思ったんです」

株主構成が大きく変動してしまう一般市場への上場とは違い、現状の資本構成を維持したまま上場の〝果実〟――取引先や金融機関に対する信用度の向上や知名度の上昇に伴う採用・求人などへの効果――が得られる可能性がある、と考えたのだ。売上高の規模や上場基準を考慮しても、挑戦してみる価値のある市場だと直感したという。

「経営者になったからには、自分の会社を上場させてみたいという夢はありました。ただ、一般市場への上場は、地方の企業にとってなかなかハードルが高い。TPMの上場基準なら地方の中堅・中小企業でも手が届きます」

売上高規模や収益面ではTPM上場に十分足りうる水準にあったが、それでも上場への準備を自社ですべて執り行うのは、非常に珍しいケースだ。

上場前にJ－Adviserとなったのは日本M&Aセンターだ。

「社員さんが変わりますよ、と日本M&Aセンターにも言われて挑戦してみました。本当かなと少し疑っていましたが、やる気のある社員が何人か出てきて、これはやれるかもしれないと」

変化の先行きに期待し、自力上場へのスタートを切ったのである。

建設業ながら
社員の3割超、役員の7割が女性

サトウ産業は約80人いる社員のうち、35％が女性だ。管理部門だけではなく、建築物の構造材に使う鉄工の加工で必要になる3次元ＣＡＤ（コンピューターによる設計）などの技術職も多くいる。２０２２年は新卒で10人採用したうちの7人が、２０２３年4月では採用した4人のうち3人が女性だ。女性を積極的に登用しなければならない事情もある。

「建設業界ですから、重いものを持つ作業もあるので男性のほうがいいだろうという人もいる。しかし、今の地方で男性を集めるのは難しく、男性だけでは仕事も回らなくなる。女性は優秀な人が多く、しかも大学に進学したかったけれども家庭の金銭的な事情で行けなかった、という人も多い。そんな方が働きやすい会社にしていくべきだと考えたんです」

「別に、女性をとろうと思っていたわけではないんです。工場は、男性社員が入ってきてくれます。しかし、図面を描く、業務を管理するというようなデスクワークを希望するのは、女性ばかりだったということなんです」

新入社員研修の一コマ。入社後3週間で男女の別なくすべての部署を経験する。写真は、塗装準備を行っているところ。現在、彼女は入社5年目、信頼のおける経理業務社員として活躍している

工場での生産性の向上は、荷物の重さなどは、様々なツール（道具）を使えばなんとでもなる。それよりも設計や生産の効率化など、知的で付加価値の高い仕事で活躍してもらうほうが、本人にとっても会社にとってもありがたい。

もっと高度に学びたい意欲のある社員のために、2020年度からは「教育訓練支援規程」を新設、給与を得ながら2級建築士を取得するための通信制の専門学校などに2年間通える制度も始めた。

そして、TPM上場へ向けて準

備を進めていく過程でも、慣れない作業を意欲的に進めてきたのは女性社員だった。

おとなしかった女性が
上場準備で鍛えられ大変身

2021年10月14日に東証で開かれたサトウ産業の上場セレモニー。佐藤社長とともに出席したのが3人の女性幹部だった。いずれも上場準備の実動部隊として「何もわからない状態からコツコツと作り上げていって、今や立派な管理職として活躍しています」と、佐藤社長は一人ひとりを紹介した。

大野智美取締役総務部長は新潟県内の高校を卒業後、地元のビジネス訓練校を経て上越市内の建設会社に就職した。経理・総務部門に勤務していたが、結婚・出産後に営業へ配属となり、育児との両立が難しい日々が続いたという。そこで2014年に転職したのがサトウ産業だった。

池田亜由美取締役業務管理部長は新潟県長岡市の出身で、地元の商業高校を卒業後、長岡市の建設資材会社に就職した後に結婚、嫁いできた先が上越市だった。その後は地元の小さな商社や病院で事務職として働いた後、2012年にサトウ産業に入った。

もうひとりが、渡邉美佳資材管理課長だ。渡邉課長も高校を卒業後、地元のトラックメーカー系の販売店に勤め、結婚後にはスーパーの総菜売り場勤務を経てサトウ産業に入社することになった。

「大野は当初、経理補佐で、今のように決算書づくりなど担当していなかった。池田は心優しいガラスのハートだったが、今では業務管理部長として社員からも恐れられる存在。渡邉も最初は口数が少なくひかえめだったが、建設業という棚卸しの概念がない業界に来て、スーパーの経験を活かし上場のために棚卸し業務の整備を担当した。みんな自発的にやるタイプではなかったのに、上場の準備作業を経験して見違えるように変わりました」

佐藤社長が陣頭指揮を執り、社内の仕組みを手探りで変革していったことを通じて、3人の女性リーダーたちは自らを鍛え、磨いていった。サトウ産業は10代・20代の若い社員が全社員の50%以上を占めており、変化に対しての柔軟性が高かったのも幸いだった。

「投げ出したくなるようなことは何度もあったが、そのたびに『どうすれば達成できるか』を皆で考えて、なんとか壁を乗り越えられたのだと思います」

上場によって他の社員も、取引先の反応などを受けて驚き、サトウ産業で働くことを自発的に考えるようになってきたと、佐藤社長は見る。

――厳しかった父を反面教師に

まさに「柔軟・奇抜・大胆」のスローガン通りに、上場に挑んで実現してきたサトウ産業だが、こうした考え方と行動力はどこから来ているのだろうか。

1974年のサトウ産業創業時、佐藤社長はまだ10歳だった。「厳しい父親で、おっかなかった（怖かった）」。創業社長の父は長野県北部にある野尻湖畔（現・長野県信濃町）の近くで生まれたという。幼かった佐藤社長も、その実家に何度か遊びに行ったことがある。湖に面した小高い丘の上で、養蚕も営んでいた農家だった。土間を土で固めた離れに寝泊まりすると、周りでは蚕《かいこ》が葉を食べる雨のような音が聞こえていた。

「子供心に『ここだけ石器時代か』と思いました。長野の人はしゃべり方もきつく聞こえ、父親からも何かあるとゲンコツが飛んでくる。一方で母方の実家に行くと、カラーテレビがあって温かくおいしいものも出てくる。父に対しては、恐怖心が先に立ち、心を開くことができずに育ってきましたね」

地元の新潟県立高田北城高校（上越市）を卒業して大学進学を考え、佐藤青年は1年間の浪人生活を新潟市内の予備校で送った。「この時に初めて父親から離れて、心が抑圧されていた状況から解き放たれた、そんな気分を味わうことができました。自分らしく生きることを知った瞬間だったと思います」。目標を定め勉強に熱中するうちに、模擬試験ではコンスタントに全国上位の成績を取るようになっていた。

「自分は勉強ができないと思っていましたが、やればできる、なんとかなるものだと自信がつきました」

進学した早稲田大学教育学部では社会教育を専攻した。「社会のために働きたい」と、就職はマスコミや政治家を志望したが、積水化学工業で内定を得た。

いったん入社して将来を探ろうかと考えていた矢先、卒業を前にして実家の母から「父の調子が悪くなった」との連絡を受けた。父親との折り合いは悪かったが、やはり父を助けたいとの思いがあった。内定した会社を急遽辞退して、卒業式の翌日に郷里・上越市へと帰った。

「社長の息子ですから、最初はみんなに色眼鏡で見られますよ。でも負けん気が強いので、わからないことは職人さんに聞いたり、本を読んで自ら勉強したりして、誰よりも先に仕事を始めて、自分でも営業に出て。そうやって社内で地盤を固めました」

当時のサトウ産業は新潟県内の住宅建設などがメイン事業だったが、自身で東京に乗り込み鉄骨資材を売り歩いたという。

「ちょうどバブルが始まった時期で、東京の協力会社などを自分で手配して売り上げを伸ばしました。一時はひとりで15億円くらいの仕事を取ってきたこともあって、これが永遠に続くだろうと当時はすっかり思い上がっていました」

しかし、1992年の秋頃からバブル崩壊が色濃くなると調子が狂い出した。数年後には現在の本社工場を閉鎖するかという事態に追い込まれ、従業員の解雇などにも踏み切らざるを得なかったという。その時は父親や母親との関係がさらに悪くなったと、佐藤社長は残念そうに目を閉じる。

上場を「脱・オーナー経営」の土台とし、未来へ事業を承継する

2008年のリーマンショック後もタイムラグを受けて業績が悪化し、2011年2月

期には創業以来の大赤字を出し、2年間、債務超過で予断を許さない状況が続いた。

さらには2020年からのコロナ禍。次々と大きな試練を受けてきた。佐藤社長はそうした経験から、「会社というものは社会に貢献する存在でなければならない。そのためには家族やオーナー一族による経営ではなく、チームで会社を承継していく経営体制をつくりたい」と考えてきたという。

TPM上場に素早く反応して、自らの手で実行したいと考えた背景には、次の世代が苦労することのないよう、自身で問題解決に当たれるように脱・オーナー経営を目指す社長の思いがあったのだ。


2011年に債務超過になって苦しんだ日から1年半たった、2012年8月のある日。佐藤社長は「未来の自分を思い描いてみる」ことを思い立った。3年後、5年後、10年後を思い浮かべて、将来の自分はどうなっているかを想像した。

サトウ産業のホームページにある佐藤社長のブログには、次のように書いてある。


『【10年後の自分―58才。高収益を出せる会社。従業員数は70名超。地域社会におい

梁の溶接部分のカス取りをしている風景。鉄製のたがねで行うきつい作業

て確固たる地位を築いている。経営を引き継いでくれる人がいるか？　引き継ぎを進める。または、引き取ってくれる企業を探す】――そして、10年後2022年の私。――今の私は、10年前の私にこう報告するでしょう。高収益を出しているか、地域社会に確固たる地位を築いているかは、周りが判断することだ。自分ではない。従業員70名を超えるのは、3年前倒しで達成したね。経営の引き継ぎについては、ほぼ当たったね』
『ただ、事業承継は極めて難し

いということもわかったよ。いろいろな選択肢がある。でも一番良いのは、社内から引き継げる人間が出てくることだ。これからの未来は修正する。15年後は、残りの人生を謳歌するスタートラインに立つと書いたけれど、ムリだわ。時間が足りないわ。時間をかければうまくいくとも限らないけれど、やらなくては進まない。最後の仕事が事業承継だ。本当にこれがラストチャンス。だから毎日、敢えて厳しいことを朝から（社員に）言っているよ』

（※原文を一部、本書の表記スタイルに修正）

サトウ産業の売上高は上場後初の決算となった2022年2月期で27億3600万円、営業利益は2億6300万円で、営業利益率は9・6％、最終利益は2億3800万円だった。財務省の財務総合政策研究所調べによると、国内の建設業における営業利益率の平均値は4・3％（2020年度）だから、サトウ産業の収益率の高さがわかる。

2023年2月期は売上高が過去最高の30億1500万円（前期比10・2％増）となった。ただ、コロナ禍やロシアによるウクライナ侵攻などを引き金に、物流が世界的に停滞したことで鋼材などの調達に遅れが生じ、受注した建設工事の完成遅延なども発生。原材料費

4年前、入社式の後に撮影。当時の新入社員たちも、今ではすっかり社の中核として活躍している

も高騰して利益を圧迫し、営業収益はマイナス6800万円に落ち込んだ。

2024年2月期は売上高41億3400万円（前期比37％増）、営業利益は1億円強への回復を見込むという（2023年4月時点の予想）。

次の目標を「売上高50億〜100億円にして、東証スタンダード市場などの一般市場に指定替えすること」と意欲を見せる佐藤社長は、社員らがチーム一丸となって地元や日本社会に貢献していく企業を実現しようと、今日も社員を叱咤激励している。

CASE 4

株式会社テクノクリエイティブ

熊本市で初のTPM上場、知名度アップと採用増で全国展開へ

会社名	株式会社テクノクリエイティブ
代表者	三嶋 一秀
本社所在地	熊本県熊本市
設立	1999年9月2日
事業内容	総合エンジニアリング事業
経営理念	知恵と創造力により人に感動を与える企業
TPM上場日	2022年11月18日
証券コード	9335
上場時資本金	50,000千円(2022年10月27日時点)
上場直前期売上高	5,752,152千円(2022年9月期)
上場直前期従業員数	1,347名(2022年9月期)

壮麗な天守閣と石垣が魅力の熊本城（熊本市）。2016年4月14日と16日の2度にわたる、最大震度7という激しい地震（熊本地震）によって天守閣や石垣などが倒壊したが、2021年3月までに天守閣および重要文化財の長塀などが復旧。熊本城址全体の完全復旧は2052年度になる見通しだが、復旧の勢いは早まる可能性もある。

「半導体ビジネスを中心に各地から熊本県内に投資が集まってきています。本業の成長も重要ですが、熊本に家族ぐるみでやってくる国内外の人たちが安心して暮らせるようにお手伝いしようと考えています」

こう話すのは、IT領域と製造領域における総合エンジニアリング事業を展開するテクノクリエイティブ（熊本市）の三嶋一秀社長だ。

国内外から
半導体の投資が集まる熊本県

熊本県には今、半導体やその製造装置関連の投資が急速に集まってきている。

2022年までに、半導体の受託生産（ファウンドリー）事業では世界トップの台湾積体

熊本市の中心部にある本社外観

電路製造（ＴＳＭＣ）が約１兆円を投じて同県菊陽町に新工場を建設すると決定。２０２３年秋に工場建屋の完成を目指し、２０２４年から製品出荷を始める見込みだ。

一方、国内企業ではソニーグループが数千億円を投じてスマートフォンなど向けの画像センサーの新工場を熊本県合志市に建設する計画もある。２０２５年をめどに稼働させる見通しだ。そうした半導体製造に必要な装置や素材のメーカーも投資を増やしており、その効果で経済が大きく刺激されつつあるのだ。

三嶋社長は「当社はＩＴ領域のシス

テム開発やインフラ基盤構築とともに、製造領域でも半導体製造装置や産業用ロボットなど産業用設備を製作する技術支援をしています。TPM上場を考えた時には、これだけ半導体の投資が世界から集まるとは思わなかった。でも今後は、熊本県に進出した企業をもっとサポートできそうです」と、意欲を見せる。

TPM上場時の決算等の報告書によると、2022年9月期の売上高（単体）は57億5200万円、営業利益は2億2600万円、純利益は1億3800万円だった。2023年9月期は売上高で66億円（前期比14・7％増）を見込み、利益はそれぞれ倍増を超える水準になると予想している。三嶋社長は「2〜3年内には売上高100億円も視野に入る」と期待を込める。

――人材派遣事業から始まった ITサポートが急成長

テクノクリエイティブは、九州内では熊本本社・開発センターのほか、福岡支社・開発センター、北九州支店、久留米支店、大分支店・開発センター、大津工場、南関工場、北九州工場を置く。都市圏では東京支社、名古屋支社・開発センター、大阪支社があり、ほぼ東京以西で営業網とモノづくり拠点を構築済みだ。

三嶋社長がテクノクリエイティブを設立したのは1999年。その前は1986年に人材派遣業の総合企画（熊本市）を創業して、ビジネスに乗り出していた。

三嶋社長は、時勢を読んで波に乗り、社会に求められている事業を掘り起こすのが上手な経営者のようだ。

「1986年は『労働者派遣法』が施行された年でした。人手が足りていない企業に人材を派遣するというのは、『ひょっとしたら大化けするのでは』と考えて、やってみることにしたのです」

1988年には「総合プラント」と社名を変更し、当初の有限会社を1992年に株式会社化した。まだ中国が労働市場として開放される前、九州に多くのメーカーが進出して工場を建てはじめた時期にも合致した。

労働者の派遣ビジネスが堅調に伸びていくなかで、1995年にパソコン向けOS（基本ソフト）「ウィンドウズ95」が登場してからは、顧客から「パソコン関係の設定はできないか」「導入をサポートしてほしい」などの要望が増えてきた。

「その頃に米国のビジネス事情を見てみたら、パソコン関連でいわゆる『IT長者』がたくさん台頭してきて、『これはビッグビジネスになるんじゃないか』と思いついたんですね。自分も何かビッグマネーを稼げるのではないかと、単純な思いつきでテクノクリエイティブを立ち上げました」

その後はインターネットも急速に普及し、企業のIT化やネットワーク整備が不可欠になっていったのは、ご承知の通り。派遣事業のノウハウもあるため、システムエンジニアを開発の現場に派遣するなどの事業では、他社に先んじた企業のひとつでもあった。2006年には福岡支社と東京支社を開設し、2007年にはシステムインテグレーション（SI）事業を開始。以後は規模を順調に伸ばし、2015年には現在の熊本本社ビルに移転して初の開発センターを置くなど、堅調に業容を拡大してきた。

――枯渇するエンジニア人材を惹きつけるために

ただ、IT化やデジタル化のニーズが日本の隅々で高まっているなか、テクノクリエイ

上場当日、東京証券取引所前にて上場記念セレモニーに参加したスタッフたちと

ティブが提供するシステムインテグレーションや、エンジニアリングの各事業を担うシステムエンジニアを確保する競争は、企業間で熾烈になっている。

当初は中途採用を中心にエンジニアを集めてきたテクノクリエイティブだったが、「数年前から、人材をなかなか思うようには集められなくなりました」と三嶋社長は振り返る。

そんな折、日本M&Aセンターから持ちかけられた案件が、北九州市に本社を置いていた、ジー・イー・エヌのアウトソーシング事業部門の譲渡話だった。この会社は約95人のエンジニアを抱えており、部門買収によってその陣容をそっくり自社のエンジニアとして取り込めることとなったのだ。これは2018年10月に譲り受けが完了した。

ただ、その後も東京、名古屋、大阪で受注したニアショア案件が増えていくなか、効果的に人材募集をかけていく方法には悩んできた。

会社の知名度を上げ、優良企業だと理解してもらうには、どうするか。考えたのが株式の上場だった。

「当初は東証マザーズなどへの上場を検討していましたが、5年間はかかることになるとの説明を受けました。だが人材の拡充には、そんなに時間はかけられない。そう思い悩んでいる時に紹介されたのがTPMでした」

個人オーナーから
――チーム経営への脱皮を狙い上場

そして2019年頃から上場に向けて動き出した。ところが、「TPMへの上場は一般市場よりは簡単だと思っていましたが、社内の体制を整えたりスタッフを教育したり、またこれまでのオーナー会社からパブリック（公的）企業へと切り替えるため、様々なものを見直さなければなりませんでした」と、三嶋社長は苦労した様子を語る。

「上場しなくても会社は経営できる。でも、社外にいる多種多様な人たちに『テクノクリエイティブとはどんな会社なのか』をわかりやすくお見せするには、大きな変身が必要でした」

あまりに多大な作業でストレスも大きく、「もう(上場は)やめようか」とまで考えることもあった。上場の前には監査法人との協議も多く、上場に向けての様々な指摘を受けたというが、「最後には味方か敵かわからなくなるくらい、やり合いました」と、三嶋社長は笑う。

しかし、株式を公開してパブリックにするという意志を貫いた。

「会社の承継を考えた時、やはり自分の子供に継がせたいという気持ちもある。でも、100年続く企業を目指すならパブリック企業となり、優秀な人材を集め、仕組みを固め、そのチームに引き継いでもらうのが本筋だと思うのです」

創業者の「覚悟」を支えた外部人材との縁

最後は、こうした意志の問題だと三嶋社長は強調する。

「上場すると腹を決められるのは、創業者しかいない。覚悟を決めて取りかからないと、上場なんてできなかったと思います」

そうした確固たる上場への意志を支えるため、外部の専門家もチームに組み込んだ。ひとりは現・社外監査役の松下英司氏だ。もともと熊本市にあって長く付き合いのあった会計事務所の所長のご子息で、大手監査法人などでの経験も持つ公認会計士・税理士である。

もうひとりが現・社外取締役の千葉康博弁護士で、米ニューヨーク州での弁護士資格も持つ国際弁護士である。「優秀な方だとご紹介を受けてお会いしました。とてもフランクな考え方の持ち主で当社にも合う方だとわかり、すぐに上場作業のブレーン役になっていただきました。しかも奥様が熊本出身で、その縁で熊本にいらっしゃることになり、社外取締役をお願いすることにしました」。

上場前までは三嶋社長がテクノクリエイティブのほか、その前身の総合プラント、そして持ち株会社である松濤（熊本市）の3社の社長を兼務していたが、総合プラントの社長職は娘婿の髙山賢士氏に譲り、その関係性を整理していった。

——上場で仕事が急増、グロース市場への指定替えも決意

2022年11月18日、東京・日本橋兜町の東京証券取引所で約20人の社員・関係者とともに、テクノクリエイティブの三嶋社長はTPMへの上場セレモニーに参加した。市場の幕開けを知らせる鐘を鳴らしながら、三嶋社長は「一般市場への上場も目指して、さらに会社を成長させていきたい」との思いを新たにしていた。

「本当に、多くの方に上場を認識していただいて。既存の取引先だけでなく、『まさか自社の上場を知ってくれているとは』と思うような会社にまで声をかけていただくようになりました。仕事の依頼も非常に増えて、それに対応していくために、新たな設備投資もしていきたいですね」

2023年2月24日、熊本市内で開催した上場記念祝賀会にて

会社の中も、社員の顔つきが良くなったという。「会社の成長とともに、社員の表情も明るくなり、上場企業で働いているという安心感や充実感のようなものがあるように感じられます」。

２０２３年４月には27人の新卒者を採用した。次年度は知名度向上を追い風に、さらに増やしたいと三嶋社長は考えている。

「熊本は、人材を確保しにくい地域になっています。福岡や鹿児島など九州内でも厳しくなっている。全国から人材と才能を集められるように、数年後に東証グロース市場への指定替えに挑戦していきたい」

熊本進出企業の「生活インフラ」整備で地元貢献

もうひとつ、三嶋社長はTPM上場を機に地元・熊本県に貢献するための手を打ちはじめた。TSMCなどが進出してくる県内には、「インフラや交通アクセスを、いかに改善・充実させていくかという問題がある」からだ。

TSMCの社員・技術者だけでも700人、その家族を含めると同県内に移り住む人口は3倍近くに膨れ上がる見通しだ。さらに、その取引先も増え、ソニーグループのように新たな工場建設に投資する企業も増えていく。熊本県や熊本市、また工場が立つ自治体などと協力して、住宅の整備や道路の拡幅工事、また工場排水などを無害化する環境対策などに当たる必要がある。

三嶋社長は、グループの資産管理会社である松濤において、合志市竹迫に3階建て集合住宅を5棟建設中で、熊本市東区下南部3丁目でも3階建て集合住宅4棟を建設する。また、人材派遣事業の総合プラントと共同で、2022年12月、熊本市北区の土地に賃貸用の共同住宅を40戸以上、新設する入札に参加。それを請け負うことが決まった。進出する半導体関連企業の社員向けに、3LDKの間取りの部屋42戸と、1LDKが9戸、そして83台分の駐車場を設けるプロジェクトだ。2023年1月から工事が始まっている。

「ビジネスというよりは、外国から熊本にやってきて暮らす人も増えるなかで、安全で安心、快適な生活ができるように生活インフラを整えるお手伝いがしたいんです」

震災から立ち直ろうとしているなか、大きく経済が動く熊本で、存在感を出していくテクノクリエイティブ。三嶋社長は、地元の有力な上場企業のトップとしての貫禄を漂わせていた。

CASE 5

グラントマト株式会社

農業を通じた「企業価値」重視の経営がTPM上場に結実

会社名	グラントマト株式会社
代表者	南條 浩
本社所在地	福島県須賀川市
設立	1994年8月19日
事業内容	農業関連資材や農業生産物の販売、食料品販売等を通じた農業生産及び流通のサポート
企業理念	「安心でおいしい食べ物と健康をすべての家庭へ」私達は食と歩むアグリビジネスカンパニーです。
TPM上場日	2022年2月25日
証券コード	7137
上場時資本金	30,000千円（2022年1月20日時点）
上場直前期売上高	11,786,079千円（2021年8月期）
上場直前期従業員数	115名（2021年8月期）

須賀川市にある本社。右が管理本部と精米工場、左には米倉庫がある

福島県の中央部にある須賀川市。キュウリやインゲン、トウモロコシなどの野菜の有力な産地として知られるほか、「ウルトラマンシリーズ」を生み出して〝特撮の神様〟と呼ばれた故・円谷英二氏の出身地でもある。市内には「円谷英二ミュージアム」があり、須賀川市もウルトラマンにあやかって2013年に「M78星雲 光の国」と姉妹都市の提携をして誕生した仮想の町「すかがわ市M78光の町」を呼称するなどで観光に力を入れている。

この須賀川市に本社を置き、2022年2月25日にTPMに上場したグラントマトは、農業資材・食品などを店舗販売や卸販売する企業だ。

食品では農業生産者から直接、地場や近隣で採れたコメや野菜、果物のほか、それらの加工品を仕入れて販売している。店舗は福島県のほか茨城県、栃木県、山形県でも展開。農業生産資材と食品の売上高構成比は約40％ずつで、残る20％は農産物だという。

2022年8月期の売上高（非連結）は117億2100万円、営業利益は2億円と安定的な業績を上げ続けている。2022年末時点で、従業員はパート・アルバイトを含めて約400人。農作物をつくっている生産者には肥料やビニールハウスなどの生産資材、農業機械などを販売し、消費者には各地のパートナー（農業生産者や企業など）と「安全・安心で、おいしい食べもの」を地域の家庭に低コストで届けることを、経営のミッションに掲げている。

経営のテーマは「農業」ではあるが、つくることだけを農業だと捉えるのではなく、「消費者に食糧を提供することが農業である」という理念がベースにある。

――「無借金経営」だけが目標でいいのか

そんなグラントマトがＴＰＭ上場に動きはじめたのは２０２０年頃だったという。南條浩社長は、最大の狙いを「経営の土台をしっかりと整えて強化し、最終的には企業価値の向上を目指すことでした」と強調する。

「地方で経営している会社は、売上高がある程度の規模になって経営が回るようになると、最終的には無借金経営を目指すことが至上命令になってしまっているケースが多いんですよね。もちろん無借金経営が悪いことではありません。正直に言うと、そのほうがラクだし安心できるから無借金を目指すわけです。でも、それだけだと経営というものの『質』は高まっていかないと思うのです。お客様へのサービスや、商品力、従業員の教育もそうですし、福利厚生や雇用条件を良くしていこうとの意欲が高まらないケースが、よく見られます。それでは経営が強くならない」

事業を通じて利益を上げ、従業員の雇用を守ることはもちろん大切だ。しかし、それだけでは変化が激しい時代に生き残っていくのは難しいかもしれない。「この企業には価値がある」と投資家などのステークホルダーから見なされないと、将来的には事業売却などの手段も断たれるほか、解散などで雇用が失われると地域経済にとって大きなダメージとなりかねない。

「無借金にこだわることで、投資すべきところで投資せず、商品やサービスの質を犠牲にしてしまって経営の持続性がなくなり、最後には自主廃業する例も多くありました」

そうした弱さから脱却するためにも、南條社長は企業価値を高める経営をこころざし、「いつかは上場できるようになりたい」と決意していたという。

上場目標を設定するも「水準に達していない」と自ら断念

グラントマトの前身は1949年創業の、米穀集荷を主業務とした南條商店。その事業を引き継いで、南條社長は1994年8月に法人化、グラントマトの前身である有限会社ナンジョウアグリサービスを設立した。その後、1995年に株式会社に改組し、2005年に現在の「グラントマト株式会社」に社名変更したが、法人化した当初から

本社前にて清掃活動を実施

「企業価値を高める経営が重要だ」と考えていた。

設立から数年たった2000年代前半には、上場に向けて会社内部で経営基盤の強化にも着手したことがあったという。当時の売上高は約30億円で、従業員数は70~80人ほど。地方の有力企業としては上場を目指せる水準であった。

「その頃は、若気の至りもあって『上場してやるぞ!』と燃えていました。しかし、やってみると気がつくわけです。『今のままでは難しいぞ』と」

例えば、労働基準法にきちんと則っ

て就業規則を定めたり見直したりしても、きちんと運用されていなければ「規則を整えました、で終わってしまう」。残業時間などもきちんと遵守してもらうためには、就業時と退社時にタイムカードをちゃんと打刻してもらうだけでなく、実態として時間内に効率よく働いてもらうことが必要になる。

しかし、その意識が従業員に徹底されていない状況だと、どうなるか。せっかくの就業規則は「絵に描いたモチ」になってしまうし、社内の働き方も効率化されない。

「やはり、タイムカードを打刻した後でも『夜遅くまで仕事するのが、真剣な働きぶりだ』というような雰囲気が、昔はどうしても残りました。逆に、昼間の就業時間にはダラダラしてしまう感じもありました。いろいろな方から『就業規則を遵守することは、なかなか浸透しなくて、最も時間がかかりますよ』と言われていた通りになりました」

業務記述書を作成して、その通りに働く。何か規程に問題があれば改定するが、それはきちんと取締役会を経て承認・決定する——。南條社長は、「そうした質の高い労働施策が、なかなか上場している大手企業のようにはできなかった面がありました」と話す。

普通に企業経営をし、税務会計を行って税金を納めることはできていた。しかし、上場するとなると、株を保有・購入する株主の利益を損なわないような厳格で強い経営が求められる。その点でも、「経営にガバナンスを効かせるという発想が、そもそも浸透していない。この水準では上場なんて無理だと思いました」。

一般投資家から資金を調達する必要があるのか

また、上場するとなると当時は東証のマザーズか大阪証券取引所のジャスダックを目指すことになるが、「一般投資家を対象に資金を調達するということも、それほど必要なことではなかった」と南條社長は言う。農業生産者と、協力パートナー、そして消費者をつなぐビジネスモデルが主体なだけに、大きな設備投資はそれほど必要ないのだ。

「店舗も、どちらかというと古びていてテナントが長く入っていなかったような場所を借りて商品を並べています。地方では農業をしている人が農作物を提供してくれる一方で、お客様にもなるのです。きれいな売り場よりも、そうした気兼ねのない空間のほうがお店の中に入りやすい雰囲気もあって、店舗に多額の投資が必要になるわけでもありません」

仮に多額の資金調達ができても、その資本をどのように活用するのかを株主に問われる状況になれば、これまでとはレベルの違う煩雑な業務をこなさねばならなくなる。「地方の企業にとって、そんな付随業務は必要なのだろうか、という思いもありました」。

上場へ再挑戦、
――きっかけは東日本大震災時の「お客様からの信頼」

2000年代前半にマザーズ市場などへの上場を一度は断念したものの、南條社長は企業価値を高める経営を徐々に社内に浸透させようとしていた。

そんな状況で迎えたのが、2011年3月11日の東日本大震災だった。原発事故もあった福島県内では、「本当に、生きるか死ぬかという恐怖にさらされましたし、さらにその後の燃料不足、食料不足にも直面しました」。生き残りをかけ、社員がまとまって経営を進めていくことを真剣に考えねばならない状況に追い込まれた。

東京・日本橋から青森市までを南北につなぐ国道4号は福島県の中央部も通る。そのほ

グラントマトの店舗

かに国道6号や49号などもあるが、震災時は福島県と東西南北の隣県をつなぐ主要道が避難する人々ですべて渋滞に見舞われた。また、放射能の風評で物流が完全にストップしてしまったのである。

「放射能汚染の可能性があるとの風説もあり、福島には完全に、誰も、何も来なくなってしまいました。それでも県内の私たちにはお客様がいます。なんとかして、お客様に食料を、商品を届けなくてはならないと思っていました」

福島県に外部からモノが入らなくなるなかで、自前のトラックや独自の物流網を持っているグラントマトは、自分たちで農業生産者や倉庫、工場などを回って商品となる食料などをかき集めた。

ガソリン不足のため車両も十分には動かせなかったし、従業員も自分の車を運転できず通勤することも難しかった。そこで南條社長は関東にある中古車店をいくつも回り、軽油で動くディーゼル乗用車を数台、急遽調達した。それを店舗に置いて使ってもらうことで、なんとか緊急時の避難のための「足」も確保した。

そうして生産者や消費者に商品を届け続けた結果、南條社長は「それが大きな信頼・信用となって、震災の直接的な被害が収まった後も、お客様がたくさん来てくれるようになりました」と、感謝の念を強く覚えたという。その後、数年間は売れ行き好調が続き、業績は急伸した。グラントマトは震災の混乱にも耐えて生き残っただけでなく、震災によって会社を拡大につなげることができたのだ。

上場への意欲を見抜いた
元銀行員の入社

一息つけるようになったのは2016年頃、上場を再び検討できるような環境が整い出した。

ひとつは、元銀行員の千葉輝人氏（当時・常務取締役）が入社したことだ。

「金融機関との対応を一手にお任せできる方が入社し、心強く思っていました。そしてしばらくした頃、千葉さんに、『社長は、本当は上場したいのではないですか』と言われたのです。普段から私の振る舞いを見ているなかでそういう雰囲気を感じ取ったそうです。それを契機に本当の意味での上場を目指さなければと盛り上がっていきました」

東日本大震災という大きな困難を経験し、価値観も大きく変わった。地元に必要とされる企業として、どのように持続的なビジネスを継続していくべきかを南條社長は考えるようになっていた。

ＴＰＭは２００９年に東証に開設されていたが、南條社長が上場へ再挑戦しようと意欲を燃やしはじめた段階では、まだジャスダックを上場先の市場候補として考えていたという。ＴＰＭについては「まだ知識がなかった」こともあった。

だが２０１８年に、取引銀行が、東証の担当者をつれてグラントマトを訪れた。その時、初めてＴＰＭという市場があるとの説明を受けた。

「ＴＰＭはプロ投資家向けの市場だから、流動性が低く、自由な売買がなかなかできず、資金調達も他の市場と比べて難しいという話も聞きました。ただ、現在の東証グロース市場などよりも早くスムーズに上場が可能なので、ＴＰＭを経由して他の市場へ進むほうがその後の動きが迅速になる、との期待がありました」

TPMを第1ステップとして、他の市場へ上場する足がかりとすることを考えたのである。

――福島県も補助金制度を整えて上場を支援

上場を後押ししたもうひとつの要因は、県の支援だった。

震災復興に力を入れていた福島県も、グラントマトの上場には期待していた。福島県は2016年から、国の地方創生推進交付金を受けて、県内企業の上場支援策として補助金を交付する施策を始めた。当初は上限150万円で、上場準備のための一部費用を負担する形だったが、現在の2020~2023年度の3カ年では、上場準備のうち監査法人や公認会計士、証券会社、株式事務代行機関、IRコンサルティング会社などに上限500万円の補助金を交付している。

2017年の最初の認定は7~8社であったが、そこでは上場まで進めた会社はなかった。グラントマトはその後、上場直前の2020年と2021年に補助を受けて、TPM

に上場した最初の会社となった。

「福島県としても試行錯誤があり、最初はうまくいかなかったけれども、制度を見直して必要な支援ができるようになったと思います。グラントマトがＴＰＭに上場したことで、他の福島県内の会社も『そういう方法があるのか』とわかり、問い合わせも増えているようです。こうした自治体の支援策は、地方の企業を活性化するうえで非常に重要だと思います」

ＴＰＭへの方向転換を決意してから2年後の２０２２年2月、グラントマトはついに上場を果たした。東証ジャスダックへの上場を目標としていた頃に、業務記述書で各事業所の在り方を明文化することや、社内規程に関する整備などを進めていたことも「ＴＰＭ上場の準備となり、下地ができていました」。ＴＰＭへの上場をサポートするＪ－Ａｄｖｉｓｅｒが決まってからは、「具体的な指導に即対応できるような体制が整っていたので、2年という短期間で上場できたのだと思います」。

上場の反響と影響を「儲かる農業」実現につなげる

「最初は上場したという実感が、あまりありませんでした。しかしながら、福島県からの新規上場ということで反響は大きく、世間の反応が大きく変わりました」と、南條社長はその変化に戸惑い、驚いたという。

新聞にも大きく取り上げられたし、その他の取材も増えた。その記事を目にしたお客様が店舗に来て、「上場したなんて、すごいね」と言ってもらえるようになったという。

そんな変化によって大きな影響を受けたのが従業員たちだ。「自分の勤め先が上場するというのは、こういうことなのか、と実感したようです」と南條社長は笑いながら、こう付け加える。

「仕事もしっかりとやらなきゃいけないんだという意識が高まりました。幹部社員も、部下を育てること、働く時間を管理すること、スタッフに働く意欲を持たせることの重要性を肌で実感したようで、マイナスなことがひとつもありませんでした」

経営方針発表会の様子

取引先や金融機関の対応も大きく変化した。金利が半分近くに下がった融資もあったほか、信用度が高いとして新しい仕入取引先を開拓することも容易になったという。

「取引の打診で問い合わせをした際、断られることがなくなりました。上場企業という信用力の大きさを感じました」

――安全・安心な「農業と食」で持続可能性を追求

今後の大きな目標として、南條社長

農業生産者の田圃

は「上位市場への指定替えを考えています」。それは福島県だけに限らず、経済と産業がじわじわと衰退していっている日本の地方を活性化することになる、との信念からだ。

「日本の地方は、昔のように『工場などの第2次産業を誘致すれば雇用が増えて生活できる人が増える』という時代ではなくなっています。地方の企業がこれから提供できる価値は、水やエネルギー、農産物など、地場に密着した資源であると考えています」

「『農業と食』というテーマで経営するグラントマトが目指すのは、安全でおいしい食の確保と提供です。が、それ以上に重要なのは、農業生産者が儲かり、持続可能な農業経営を営めるようにすることです。大事に作り育てた農作物を、いかに消費者に届けて、その価値をわかってもらうか。そこを今以上のレベルに高めるため、上場という仕組みを活用したいと思っています」

経済基盤が失われつつあり、経済活動の退潮が続く地方でこそ、持続可能な経営に向けてＴＰＭなどへの上場を上手に活用するべき時代が来ているのだ。

第3章

TPM上場、成功へのポイントとは

株式会社オービック
ビジネスコンサルタント（OBC）
和田成史社長＆
堀江勇輝監査法人支援室長
に聞く

自己変革を続ける
辛抱強さを磨く

TPMに上場することによって、企業には有形無形の様々なメリットがもたらされることが、前章までのケーススタディでおわかりいただけただろう。では、本格的にTPM上場に向けた準備を始めようと考える場合、経営者はどのような心構えを持つべきか。

上場（IPO、企業の株式公開）を目指す企業を長年支援し続け、その実績が評価されている株式会社オービックビジネスコンサルタント（OBC）に、IPOを目指す経営者へのアドバイスをうかがった。OBCは、過去5年のIPO企業の約半数が導入している業務管理・遂行システム「奉行シリーズ（『勘定奉行クラウド』『給与奉行クラウド』など）」を提供している。中小規模の企業が上場準備をする際に、どこから変えていけばいいのかを知り尽くしている企業でもある。

お話をうかがったのは、公認会計士・税理士としてＯＢＣを１９８０年に創業し、自身でも同社を上場（99年に店頭公開、２００４年に東証一部、現・プライム市場）させた代表取締役社長の和田成史氏と、ＯＢＣで上場支援の実務を牽引する監査法人支援室／企業成長支援室長の堀江勇輝氏のお二人。聞き手は日本Ｍ＆Ａセンター上席執行役員・成長戦略事業部長の雨森良治が務めた。

略歴

和田成史
わだ・しげふみ

1975年立教大学経済学部卒。80年、公認会計士・税理士として登録し、同年にOBCを創業し代表取締役社長に就任。一般社団法人コンピュータソフトウェア協会の名誉会長・理事や経済産業省産業構造審議会ソフトウェア小委員会委員、公益社団法人経済同友会幹事、特定非営利活動法人ITコーディネータ協会副会長なども務める。

堀江勇輝
ほりえ・ゆうき

2001年立教大学経済学部卒、2022年立教大学院ビジネスデザイン研究科卒。OBCにてシステムエンジニアを経て、現在は監査法人支援室／企業成長支援室長として年間100人以上の上場を目指す企業経営者に会い、関係先の紹介やビジネスマッチングなどで企業成長を支援する。同社が関与するIPO関連セミナーや上場企業向けビジネスセミナーなどの企画・運営も担当している。

上場を目指す企業と支援する専門家の目線を活かす

ＯＢＣはこれまで、多くの企業の上場支援をされてきました。どのような視点から上場を支援してこられたのでしょうか。

和田　ＯＢＣは「監査法人支援室」と「企業成長支援室」を開発部門の中に置いて、企業の上場支援に取り組んできました。上場するにあたって、いろいろな情報を顧客目線で取り込むこと、また企業の監査や税務を担当する専門家が必要と考える情報を専門家目線で取り込み、それらをシステム開発に活かしてきました。

非常に貢献度の高い事業だと思っていますが、こちらから営業活動をかけることはしていません。お客様が困ったことがあれば、受けた仕事の中で声を聞くことに徹するスタイルで、15年以上やってきました。

堀江　当社のメイン事業は、会計や人事・労務などの基幹業務をソフトウェアやクラウドで提供するベンダーです。

ただ、OBCの創業者である和田は、単に事業活動を通じてソフトウェアを売るだけではなく、日本経済を発展させる取り組みも必要だと考えてきました。当社のビジネスに即して見渡した時に、監査法人や会計士、税理士、弁護士のほか金融機関などと一緒に、中堅・中小規模の企業に成長してもらうこと、そのために上場を考えてもらうことを広めていく活動に取り組むことにしたのです。

OBCとしては、会計士、税理士、社会保険労務士などの専門家の皆様と一緒に企業の成長を支援していくパートナー制度「ASOS（アソス）」なども設立しています。当社の奉行シリーズを使って、専門家の先生方が抱える顧客企業の経理、税務、人事・労務、販売・仕入れなどバックオフィスの様々な課題を解決していく仕組みです。こうした専門家の先生方は、監査や税務のプロではありますが、システムのプロではありません。今後、クラウドなどのシステムがどう変遷していくのか、5G や6G などの高速大容量通信の将来がどうなっていくのかなど、**私たちはテクノロジーの面でプロとして、情報を専門家の皆様に提供することで、間接的に上場支援をしていくことも重視しています。**

その結果として、最近では上場する企業の約半分に、奉行シリーズを使っていただいています。企業の成長を支えていくのは、やはり面白く、やりがいがあります。

和田　今の日本では、新しい変革を起こす企業、トランスフォーメーションを実現できる企業を支援することが、日本経済全体の生産性を高め、わが国に新しい活力を生み出すことにつながります。政府もそれにようやく気づいたようで、最近になって企業育成に力を入れはじめました。企業の育成と成長を支援し、上場を支援する意義には、そんな社会貢献という面もあります。

日本M&Aセンターは2019年に「J－Adviser」となり、現在はTPMに特化した形で上場支援を進めています。当社の取引先にも「TPMなら上場してみたい」と話す企業経営者が多くなり、また実際にTPMに上場した企業も増えてきました。

堀江　上場支援の立場から見ると、**TPMを活用することで株式市場全体を底上げできると多くの人が認識していると思います。**それがTPMの認知度の拡大にもつながってきました。

特に地方に本社がある企業にとっては、上場を支援する側のプレーヤーが少ないこともあり、「上場なんて縁遠い」と考える経営者が多かった面がありました。東証グロース市場（東証の一般市場では上場基準が最も緩やか）に上場しようとしても、地方で実績と高い知名度がある企業でさえ、グロース市場で非連続の高い成長を目指すのは難しいでしょう。無理にそのような上場をするよりも、**TPMに上場することで新しいステージに上り、信用力や知名度を高めていくのに活用していくのがベストだ、と最近は考えています。**

解説いただいた通り、ＴＰＭ上場企業は、今後もますます増えていくトレンドにあります。

堀江　ＯＢＣでも年間に約１３０回もの上場準備セミナーを実施しており、３カ月に１度はＴＰＭについての説明をしますが、だいぶ周知が進んで、ＴＰＭについて話を聞きたいとセミナーに来場する方が増えています。実際、ＴＰＭ上場企業が増え、地方でもその上場企業の周辺でＴＰＭについて知るきっかけが多くなってきたことも寄与しているでしょう。

さらに、多くの企業が事業承継についての課題や問題を抱えるようになっています。そのためには上場して会社を組織経営させたいと考える経営者は多くいます。

でも、一般市場に上場するには、厳しい管理体制が必要で、コストもかかる。さらに株式を外部に持ってもらうための調整が困難で、上場準備を始めて数年がたってしまった、という企業も多いのが実情です。その点、**ＴＰＭへの上場なら株式を外部に持ってもらう必要性はないので、向いている会社**

がいっぱいあると思います。

経営者が得意分野を活かせる社会のためにも上場は不可欠

和田　地方の企業による地元の活性化にとって、ＴＰＭはとても重要な位置付けにあると考えています。企業の経営者も、実際には多くのタイプに分かれます。スタートアップのような新規事業開発が得意な人、そのスタートアップやベンチャー企業を大きくするのが得意な人、大きくなっていく過程で成長させるのが得意な人、などですね。しかし今の日本では、その得意な人がバトンタッチしながら企業を成長させていくという発想が、まだ薄いのではないかと思います。

経営者人材が流動化していくことで、地方でもこれまで家業やオーナーシップに依存していた会社が、新たな経営者を得て事業を承継し、成長させて

いく機会が生まれます。

また、**地方というのはその土地ならではの魅力や特徴、強みや良さを持っていることが多いですよね。**なので、都心にある大手企業が「この会社と組んで、新しい商品やサービスを展開してみたい」と考えることも増えていきます。

こうした経営を、地方企業のトップがすべてひとりでやろうとするのは、なかなか難しい作業です。**特に、会社の規模やステージが高まっていくと、経営者は「自分を変える」ことが必要になります。**これまでなんでも自分でやってきたというスタートアップの経営者や地方の有力企業オーナーが、自分の仕事の仕方や性格を変えていくのは至難の業なんですね。だから、**経営者が自分の得意分野で活躍しながらバトンタッチしていく企業が日本の全国各地で育っていけば、地方から日本が大きく変わっていく契機になる可能性があります。**

ＴＰＭへの上場を目指すことで、信用を高めて資金調達もしやすくし、人材を集めて事業を承継・発展させていく。そんな「成長の道」を描ける企業は、日本の地方には今もいっぱいあります。ＴＰＭ上場で、その会社の発展にとって「ベストプラクティス（最善の方法）」が選べる立場になるのではないでしょうか。

地方の活性化に寄与するＴＰＭとデジタル化

日本Ｍ＆Ａセンターとしても、ＴＰＭ上場を地方企業にもっと活用してほしいと考えていますが、地方には成長の余力がなくなっているとの指摘もあります。時代の変化のスピードが速いなかで、どのような取り組みが必要になるでしょうか。

和田　地方の企業は、ＩＴやデジタルの活用が今後、ますます重要になるでしょう。これは当社ＯＢＣの製品やサービスを使うという意味ではなく、**地方の企業が全国区に出ていくための武器としてＩＴを活用することが重要になる**

という意味です。

日本の社会は「縦割り」だといわれます。地方も縦割り社会になっていて、経営や提供する商品・サービスを販売する範囲も、多くはその地方で完結していました。なかなかマーケットが広がらなかったわけですが、先ほど述べたように、地方独自の商品というのは大手企業にとっても魅力的です。

ECサイトで販売することがDX（デジタルトランスフォーメーション）によって実現してきたように、DXによって奥深くに入り込んでいた縦割りが打破されて、すべての産業が恩恵を受け、ビジネス構造が大きく改革される時代がすぐそこまで来ていると考えています。

実際にそのDXによる恩恵は、会計システムの世界ではすでに起こっています。クラウド化によって、中堅・中小企業に寄り添ってきた会計事務所や税理士事務所の先生方は、各種の会計・税務に関する作業の効率化を進められただけでなく、北海道から沖縄まで**全国どこにいてもお客様である企業の経営状態を即座に把握できるようになりました。**そのため、いつでもどこでも決算などの作業ができるほか、経営者に助言することが可能になったのです。例えば資金が必要になった場合には、どの債権を担保とすべきかといった判断が、離れていてもすぐにできるようになっています。

オーナーのワンマン経営だけでは上場できない理由

実際にTPMに上場した企業に話を聞いても、「ガバナンスが効く体制がきっちりと整った会社にすることができた」ことに意義を見出す経営者がとても多いのが印象的です。上場を目指すことで、経営者として会社だけでなく、自分自身を変えることになったと喜ぶ方がほとんどです。逆に、上場につまずく経営者には、どんな特徴があるでしょうか。

堀江　当社は「奉行シリーズ」という会社のバックオフィスを支えるサービスが強みですが、その仕組みを使って、上場に向けた組織変革をお手伝いすることが多くあります。

中小規模の企業では、経営者は自分がスーパーマンであり全部自分でやりたいと考えている人が多いのです。しかし、そのままの体制を続けても上場までたどり着くことはできません。**社長がやってきたことを、きちんと組織として動けるようにしていないと、上場は困難です。**

組織化に不可欠な人材を採用しながら、必要な規約や体制を整えてこそ、上場準備へと進んでいけるのです。会社の仕組み全体や仕事のプロセスを「見える化」し、磨き上げることが上場への第一歩になります。

和田　**何のために上場するのかという目的や、社会にどのように貢献するのかといったミッションを、経営者がどのように社内外に見せていくかも大事です。**それは経営者のパーソナリティや考え方、価値観で決めてしまってかまいません。ただ、**それに賛同して支援してくれる仲間を集めて、「一緒にやろう」という気持ちを感じられるような会社にするのが、最も重要なところです。**
上場することだけを目的にしても、うまくいかない。もっと奥に隠されていた本音をちゃんと言葉にして、組織をつくることができるかが大事だと思います。

例えばよく見られるのは、ある会社でアルバイトをしていた人が、「ここをこう改善すればもっと良くなるのに」と思うケースです。アルバイトをしながら疑問に思ったことを、「自分が経営者なら、こうやる」と周囲に話す。「それはその通りだ」と思う人が集まり、アイデアを練り、新しいビジネスモデルが生まれていく。そのビジネスモデルにお金（資金）がついてくるようになります。

「自分の過去に、すべての答えがある」というのが私の持論です。今の自分と過去の自分を結んだ線上から、発想やアイデアが浮かび上がってくるのだと。そうした意識から自社の経営を再考して、ベクトルを合わせていくこと。今まで自社を上場させた経営者にお会いしても、そういう原点を考えながら自社の経営を捉え直し、地道に辛抱強く組織を育ててきた人が多いですね。

堀江　「辛抱強さ」は、上場する経営者にとってのキーワードだと私も思います。

権限委譲を進めるのも、「全部自分がやる」という経営を変えていくのも、がまん強く自社を変えて育てていく人が成功していると思います。

自分自身を変えることで新たな成長や発展が見えてくる

経営者が自分の考えやパーソナリティを変えるというのは、本当に難しいことだと思います。

TPMに上場する企業も、社員が100人以下というところが多いため、経営トップが自分自身で会社を大きくしてきたとの自負も強く、それが組織経営の実現を阻んでいるケースもあるようです。

堀江　**組織化に必要な人材をうまく集められないために、上場につまずくケースも多いですね。**適切な専門家に会えないとか、時代に合わない人材に依頼してしまう会社もありました。
よく、「多くの会社で上場準備を経験してきた」と主張する人を採用しても、その経験が10～20年前のだいぶ昔のことだったために、現在の上場に必要な要素や仕組みについては知らない人に当たることがあります。そんな人材を雇い入れたために、上場の時機を失ってしまったケースもありました。コンサルタントやアドバイザーが推薦する、現在のＩＰＯについて詳しい人を適切に雇い入れて、うまく協力していく経営の仕組みをつくっていくことが大切です。

和田　ＯＢＣを創業して40数年、上場してからは20年余りとなりましたが、その間には私自身も「自分を変えていく努力」をしてきました。最初の10年は無我夢中でなんとかなるのですが、社員が１００人を超えたあたりから行き詰まりました。いろいろな方に相談したところ、やはり自分を変えるしか道はないのだとわかり、「当事者意識研修」などを受講して訓練を重ねました。自分が変わることで、壁が突破できる、成長が始まるということを実感として理解しています。

自社が考える何が社会に貢献できるか、社会が自社に何を求めているのか、どうしたら自社の社員が5年後、10年後に活躍できるようになっているかをイメージとして持てるように自分を変えていく。そうした努力を積み重ねることが、上場だけでなく企業の成長には必要になってきます。

自分自身を磨きながら、日本の社会と経済に貢献できる企業となって上場を目指し、新しい日本の活力をリードする存在となる経営者が増えることを願っています。

本日は貴重なご意見をいただき、ありがとうございました。

第4章

経営の未来を先取りするTPM

1

「公」になってこそ真の企業経営にたどり着ける

——TPMへの上場数が全マーケットで最大になる時代へ

ここからは、TPMの未来について述べておきたい。

2023年に入っても、TPMに上場した企業の数は、前年を上回るペースで増加中である。

東京証券取引所の市場の中で、新規上場する企業数が最も多いのは現在、グロース市場だ。2022年4月の時点でグロースに分類された企業数は466社。これが同年末には50社増えて516社になり、2023年9月末時点ではさらに34社増えて550社にまで拡大した。

グロースに次いで多いのが、TPMである。2021年12月末に47社だった上場企業数が、2022年12月末には64社に増え、2023年9月末には80社に。1年9カ月の間に33社も増えたのである。

まだグロースへの上場数には及ばないものの、TPMの市場特性が認知されるに従い、今後、一段と加速度がついて上場数が増えていくことは確実だ。というのも、上場するためのハードル（基準）が東証グロースなどと比べて高くないうえ、これまで紹介してきたように、①信用度が高まり、②知名度が向上し、③社内のガバナンス機構や社員の働き方が正常化し、④従業員にとっては「上場企業で働いている」という自負やプライドと具体的なメリットを得られる——という様々な恩恵がもたらされるからである。

このため、JPXや東証の関係者からも、

「今後はTPM上場を足がかりとして、一般市場へステップアップ上場していくことが主流となるのではないか」

「まずはTPMに上場することで企業活動を高い水準に引き上げておくほうが、その後にさらなる成長を追求しやすくなるとの認識が広がっていく」

といった見方が出ている。

「キャピタルゲインがないと意味がない」は真っ当か？

TPMへの上場をめぐる議論で、多くの経営者から聞く疑問のひとつが、「上場に伴う株式の売却がなくキャピタルゲインがIPOで得られないのなら、TPMは上場する意味がないのではないか」というものだ。

確かにTPM上場は、株主構成の大きな変更を伴わず、資本政策を変えないまま、上場の果実を手に入れることができるといえる。実際、TPMに上場した企業経営者たちは、その理由について様々に語っている。いわく、

「一般市場への上場で入り込むことになる機関投資家や一般株主からの重圧を気にすることなく、経営に集中できる」

「四半期ごとに過度な業績アップを求める株主の強いプレッシャーを感じなくて済む」

などだ。

これらに対して、証券市場で株式を公開した企業の経営者から実際に聞こえてくる声は、もっと深刻なものがある。

業績向上へのプレッシャーは「しゃがみたい時にしゃがめない」――つまり、外的な業績悪化要因が収まるまでじっと辛抱して耐えるべきだという経営判断をしたくても、できないことがある、ということを意味する。大きな設備投資で赤字もやむなしとの経営判断をしたい時も、利益確保を要求されるため躊躇してしまう。

また、社内にも株主がいる場合、日々変動する株価によって社内が一喜一憂するため、働き手の士気や集中力が、株価という外的要因によって左右される、といった声もよく聞かれる。

こうした経営にとっての「しなくてよい苦労」を抱え込むことが、一般市場へ上場するリスクだといえよう。

「上場しないと先がない」という共通の危機感

一方で、TPMはそうしたキャピタルゲインが得られない分、上場への目的がより明確になる。利己的な要素や、反対に外部株主を異様に気にしてしまうことで、経営の根幹や基本スタンスを曇らせることが少ない、と考えられる。

「あえてTPMに上場した」と言う企業の経営者たちに、「なぜ上場したのか」と質問すると、次のような答えが返ってくる。

「これまで一緒にがんばってきてくれた社員のために、上場を果たしたかった」

「今まで育ててくれた地域社会に貢献したかった」

「事業を身内に承継するにあたり、家業ではなく組織として経営に当たれる体制を整えたかった。（TPM上場が）企業としての経営基盤やガバナンスをきちんとできるチャンスだと思った」

何より印象的なのが、「この変化の大きく速い時代に、上場していない企業はいずれ淘汰されかねない」「上場していない企業は人材にも取引先にも選ばれない」と答える経営者が、極めて多いことだ。

2023年になってようやく収束期を迎えた新型コロナウイルス禍だが、それが広がっていった過程でも「働き方」は大きく変化した。IT・デジタル化の推進に伴って、リモートワークが当たり前になったのは、記憶に新しい。働き方の大きな変化は、今や人材が最も採用しにくいといわれるエンジニア職にも及ぶ。リモートワークや在宅ワークのような働き方ができない企業には、エンジニアが全く集まらないのが実情だ。

時代の流れといえばそれまでだが、その変化に対応できない企業は規模の大小を問わず、生き残り戦略を考える余力すらなくなっていくことは間違いないだろう。

――誰もが経営者になれる組織をつくるという課題への近道

こうした共通の危機感は、ＴＰＭ上場企業が直面している「困りごと」の裏返しでもあるといえる。

「家業」＝自分の家族や親戚で長らく承継してきた事業が、今後も持続できる保証はない。後継ぎになってほしい自分の子供が優秀に育つとは限らない。そもそもその子本来の才能を活かせるほうが当人も幸せだろうし、その才能が社会に求められる時代が来るかもしれない。今の事業だけを切り盛りできる人材や経営体制でしばらくは持続できるかもしれないが、その先へと生き残れる可能性は低いのではないか――。

企業が上場することを、英語で「Go Public（公になる）」という。「誰が社長（経営者）になっても、回っていく会社にする」ことと同義だ。

人材も、経営も、「新しい取り組み」を常に模索し続け、それを実践しながらトライ・アンド・エラーを繰り返す。その中から新しい時代に適合した事業の在り方を見つけ、磨いていくのだ。そんな取り組みの成功確率を高めるには、優秀な人材が集まるようにし、また労務問題をはじめとした経営と人材の関わりを「正しく整備する」ことが欠かせない課題となる。ＴＰＭは、その課題を解決する近道となりうるのだ。

2

TPM上場が成長戦略のスタンダードとなる

——経営の「出口」の選択肢を増やすのも上場の意義

企業が経営の「出口」を考えた時に、上場しているかどうかは、今後、重要なカギを握ることになる。

企業の成長手法は、大きく2つに分類できる【図表10】。ひとつは「オーガニック戦略」といって、自社の努力で成長を続けていくこと。もうひとつが「レバレッジ（てこ）戦略」といわれるもので、M&AやIPOなど、外部の資源によって成長していくことだ。M&Aの場合、他の企業やビジネスを合併や買収によって自社のものにして成長するか、逆に

図表10 企業の成長手法

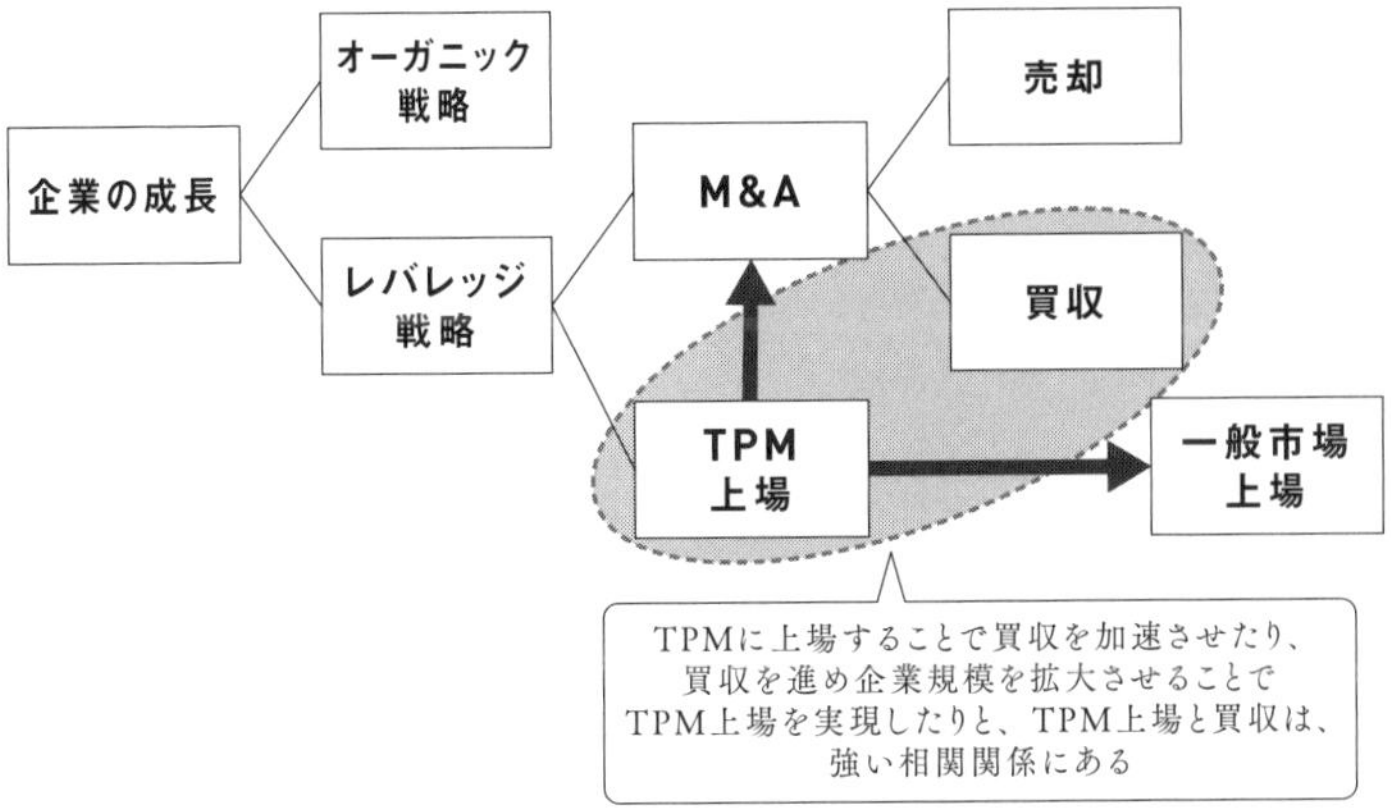

TPM上場により、成長手法の選択肢が広がる

自社や自社ビジネスを売却して資産や利得を入手することになる。要は、レバレッジ戦略であれば、オーガニック戦略では持ちえない、様々な「出口」を戦略的に持つことが可能になる。

石川県能美市に本社を置く歯愛メディカルの例を見てみよう。

2016年6月にTPM上場を果たし、翌2017年12月に当時のジャスダックへと上場した。社長は歯科医出身の清水清人氏。全国に7万もの施設がひしめき競争が激しい歯科医業界で、同社は、歯科医院がコストを削減したい消耗品（歯ブラシや手袋など）を安く通販する事業で急成長した。

TPMに上場した歯愛メディカルに着目したのが、産業ガス大手のエア・ウォーターだ。同社は炭酸ガスや水素ガスのほか、医療用ガスで大きな国内シェアを占める大手。歯愛メディカルの事業内容と、全国の歯科医ルートを押さえていることに魅力を感じた。医療用ガス事業の拡大・成長に向けて2016年10月、エア・ウォーターは、清水社長ら歯愛メディカルの創業家から39・9％の株式を取得、資本・業務提携を結んだ。

清水社長は、経営の自主性を保ちながら、エア・ウォーターとのシナジー効果を活かし、歯愛メディカルをさらに成長させている。同社は、エア・ウォーターとの提携効果で歯科医業界のほかに医療・介護分野に販路を広げた。その後も大きく業績を伸ばしているのである。

こうした経営にレバレッジを効かせられるような大手企業との連携が生まれるのも、上場がもたらす大きな効果のひとつだ。上場によって存在感を放つことで、大手がアプローチしてくる可能性が高まる。「出口」の選択肢がひとつ増えるのである。

――国内大手だけでなく海外企業の注目も集められる

もし、自社の株式を全部売却して経営権を大手上場企業や投資ファンドに移譲したとしても、創業者（創業家）には売却益として多額の利益が入るとともに、会社で働いている従業員も、大手の傘下で安定的に就業できるようになるケースが多い。「地方の小さな企業に就職したのに、いつのまにか大手上場企業で働けることになった」というわけだ。事業承継が難しい「家業」に近い企業によく見られるのが、このような譲渡や売却だといえる。

ＪＰＸに属する市場であるＴＰＭに上場することは、国内だけでなく海外からも注目を集めることになる。海外の経営者や投資家、事業家にとっても、何の情報もない日本の中小企業とは手を組みにくいことは理解できるだろう。しかし、上場することで海外からは「信用度の高いＪＰＸ上場のブランド企業」だと認識される。

また、日本の産業を支えてきた「家業」が、世界に開かれることにもなる。日本らしさを世界に向けて発信することも、ＴＰＭの役割といえるだろう。

ＴＰＭ上場こそ次代への成長戦略を描くための「一丁目一番地」

コロナ禍でいったんは低迷したインバウンド需要だが、２０２３年になって再び、海外から日本へ多数の観光客が押し寄せるようになった。Instagram（インスタグラム）などのＳＮＳ（ソーシャル・ネットワーキング・サービス）を見ても、日本を旅行した様子を紹介するコンテンツは大人気だ。日本の食べものは「おいしくて安くて見た目もいい」と、大都市だけでなく全国各地にインバウンドが集まる。

Netflix（ネットフリックス）などの動画配信サービスを通じて、日本のアニメは今も海外で高い人気と支持を集めている。ゲームや漫画、さらにはオタク文化もコアなファンが多い分野だ。

日本の魅力は色褪せてはいない。まだまだ捨てたものではない。全国各地の特色や、コアな文化を支えるのは、名も知られぬ小さな会社かもしれない。だが、そんな彼らこそが、新たな成長戦略を描き、ビジネスの出口を戦略的に模索し、新事業を生み出す可能性を有している。

その成長戦略を広げ、自社の経営をより高みへと導く第一歩となりうるのが、TPMへの上場だ。日本経済が復活の狼煙《のろし》を上げるために、企業が描く成長戦略の「一丁目一番地」がTPMへの上場であると、筆者は確信している。

おわりに

東京証券取引所の中でも、TPMは株式市場としては異色の存在です。プロ向けと銘打っているため、確かに一般の人や投資家には馴染みがない市場でしょう。しかし、その魅力とメリットに気づき、価値を見出し、上場しようと挑戦する企業は今や後を絶ちません。さらに今後も増えていくことは確実であり、また増やしていくことが日本M&Aセンターの使命であると考え、中堅・中小企業の上場支援に取り組んできました。

日本M&Aセンターは2021年にも、TPMに関する書籍『中小企業のための新しい株式市場　東証「TOKYO PRO Market」』（プレジデント社）を出版しました。TPMの魅力を広く経営者の皆様に知ってもらうための広報活動が目的でしたが、当時は新型コロナウイルス感染症が世界中に広がった困難な時期であったことに加え、ＴＰＭ上場企業の数もまだ少ないのが実態でした。ＴＰＭ上場の前後で、会社がどう変わったか、経営者がどう感じているかを十分に調査し、まとめ上げることが難しい時期でもありました。

しかし今、日本のみならず世界の経済を停滞させたコロナ禍が沈静化し、経済活動がパンデミック以前の状態に戻りつつあります。また、ＴＰＭについての認知度が一段と上昇し、ＴＰＭ上場を検討する企業や、上場に意欲的な経営者が増えてきているタイミングといえます。そのため本書は、実際にＴＰＭ上場を果たした経営者にインタビューし、その動機や実際のプロセスを聞いて「ケーススタディ」としてまとめることで、よりリアルなＴＰＭ上場のメリットとポイントを把握できるように構成しました。

末尾になりましたが、本書制作にあたって筆者の社内外の調整に尽力していただいた日本Ｍ＆ＡセンターＴＯＫＹＯ ＰＲＯ Ｍａｒｋｅｔ事業部のみなさん、特に黎明期から広報活動を一手に引き受けてくれた五十嵐麻里さん、ウェブまわりの達人でオンラインでの布教活動に大きな貢献をしてくれた勝又野々香さん、そして大学在学中からこのTPM市場に注目し論文を発表した期待の新卒・岡村奈々さんには、衷心からの労いと謝辞を捧げたいと思います。また、本書の制作と編集作業でご協力いただいた株式会社日経BPの皆様、文才のない私を大いにサポートしていただいたMikawa&Co.合同会社の三河主門様にも感謝申し上げます。あわせて、TPMが全く知名度のない時代からこの市場に魅力と可能性を感じ、協力していただいた監査法人やIPOコンサルに従事する会計士の先生方にも、ここまで市場が拡大できたのも先生方のご協力のおかげと心からの感謝を献じます。

本書内でも述べた通り、日本M&AセンターはTPM上場に必要な「J-Adviser」の資格を持ち、TPMに特化して上場支援をしています。M&Aという戦略ツールを持つ当社にとって、TPM上場はゴールではなく成長戦略の起点と捉え、上場後の成長支援を大切にしております。パブリックカンパニーになるにあたり、真剣に考えれば考えるほど疑問や不安点等が生じますが、ＴＰＭ専門家集団としてしっかりと回答する体制を整えていますので、どうぞお気軽にご相談ください。

本書をお読みいただいた企業経営者の皆様が、ＴＰＭについて一段と理解を深め、さらには上場にチャレンジしていただければと心から祈念しています。

２０２３年９月　東京都内の自宅で

株式会社日本Ｍ＆Ａセンター
上席執行役員　成長戦略事業部長　雨森　良治

雨森良治

あめもり よしはる

日本M&Aセンター上席執行役員、成長戦略事業部長
米国公認会計士（USCPA）

1994年、神戸大学経済学部卒。外資系コンサルティング会社を経て、日本M&Aセンターに入社。100件を超えるM&A成約実績を有し、西日本を代表するM&Aプレーヤーとなる。

2020年4月、TPM事業部 事業部長に就任。全国の中小企業や会計事務所、金融機関向けにTPM上場啓蒙活動から上場準備支援活動に至るまで精力的に活動しTPM市場の活性化に貢献。

2023年4月からは中堅企業を対象とした成長戦略事業部長に就任。

2023年6月、財産承継サービスを手掛ける株式会社ネクストナビ代表取締役社長にも就任。

今こそ「東京プロマーケット上場」
売上10億円を超えたら取り組む
中小企業の新・成長戦略

2023年11月8日　1版1刷

著者　雨森良治
発行者　國分正哉
発行　株式会社日経BP
日本経済新聞出版
発売　株式会社日経BPマーケティング
〒105-8308　東京都港区虎ノ門4-3-12

装幀　小口翔平＋後藤 司＋青山風音(tobufune)
本文組版　マーリンクレイン
印刷・製本　シナノ印刷株式会社

ISBN 978-4-296-11700-0　Printed in Japan

本書籍に関するお問い合わせ、ご連絡は下記にて承ります。
https://nkbp.jp/booksQA